Jörg Müller

Was kränkt, macht krank

Jörg Müller im Internet:

www.pallottiner-freising.de

Ärger schlägt auf den Magen, Wut spürt man im Bauch, die Angst sitzt zuweilen im Nacken. Einer hat schon lange die Nase voll, ein anderer will dem Chef was husten und wieder ein anderer will aus der Haut fahren, kann aber nicht.

Welche Bedeutung haben unsere Krankheiten?

Dr. Jörg Müller, klinischer Psychologe, Psychotherapeut und Theologe, berichtet aus 30-jähriger Praxiserfahrung. Er deutet auf originelle Weise die Sprache der Organe und zeigt die seelische Bedeutung von über 30 Krankheiten auf.

Jörg Müller

Was kränkt,
macht krank

Welche Bedeutung haben

psychosomatische Erkrankungen ?

J. F. Steinkopf Verlag

Dr. Jörg Müller – Jg. '43, Pallottinerpater und Psychotherapeut mit eigener Praxis in Freising bei München – ist Autor
folgender Steinkopf-Erfolgstitel zur christlichen Lebenshilfe:

Gott heilt auch dich   ISBN 3-7984-0580-8
    Seelische und körperliche Heilung durch lebendigen Glauben

Hätten Sie's gewusst?   ISBN 3-7984-0753-3
    100 Antworten auf Glaubensfragen für eilige Zeitgenossen

Höre, was ich nicht sage   ISBN 3-7984-0732-0
    Die Aufdeckung unserer verschlüsselten Verhaltensweisen

Ich habe dich gerufen   ISBN 3-7984-0720-7
    Meine Erfahrungen mit Gott

Lebensängste und Begegnung mit Gott   ISBN 3-7984-0614-6

Nein sagen können   ISBN 3-7984-0640-5
    Verständnis und Missverständnis christlicher Demut

Und heilt alle deine Gebrechen   ISBN 3-7984-0669-3
    Psychotherapie in christlicher Sicht

Verrückt – Ein Christ hat Humor   ISBN 3-7984-0701-0
    16 Kapitel gegen Mutlosigkeit

Zur Unterscheidung der Geister   ISBN 3-7984-0734-7
    Wege zum geistlichen Leben

Dieses Buch ist die aktualisierte, völlig überarbeitete und erweiter-
te Neuausgabe von Jörg Müllers Titel: »Wenn die Seele trauert«.

Die Deutsche Bibliothek – CIP-Einheitsaufnahme
Ein Titeldatensatz für diese Publikation ist bei Der Deutschen Bibliothek erhältlich

ISBN 3-7984-0759-2
Einbandgestaltung: Florian Huber, Thalhausen
Druck: Clausen & Bosse, Leck
© J. F. Steinkopf Verlag, Kiel 2002
Alle Rechte vorbehalten

INHALT

Was kränkt, macht krank – aber nicht immer 7

Wer sich nichts anmerken lässt, ist gefährdet 9

Störungen im Magen-Darm-Trakt 11
Schluckbeschwerden und Kloßgefühl 12
Geschwüre in Magen und Darm 13
Bauchschmerzen und Völlegefühl 15
Erbrechen 16
Durchfall 17
Verstopfung 19
Colitis ulcerosa 22

Störungen der Atmung 23
Asthma 23
Husten und Bronchitis 27
Seufzeratmung 28
Hechelatmung 29

Störungen im Kopfbereich 30
Kopfschmerzen 31
Haarausfall 36
Schnupfen 37
Zahn- und Kiefererkrankungen 39
Tinnitus 42

Störungen der Blutgefäße 43
Bluthochdruck 44
Blutniederdruck 48
Arteriosklerose 50

Störungen der Bewegungen 52
Rheumatische Erkrankungen 53
Unruhige Beine 57
Hals-Nacken-Schulter-Verspannungen 57
Zappelphilipp und Hypermotorik 59

Störungen verschiedener Art 59
Schlafstörungen 60
Vegetative Dystonie 64
Herzneurose 66
Blockaden der Blase 69
Sexualstörungen 71
Krebs 76
Depressionen 81
Ängste 89
Hauterkrankungen 94
Hysterische Auffälligkeiten 96
Zwänge 99
Ess-Störungen 101
Diabetes mellitus 103
Unspezifische Schmerzen 105

Übersicht: Organsprache & typische Störungen 107

Zu guter Letzt 110
Was muss ich tun, um Lebensqualität zu erhalten? . . . 110
Leben religiöse Menschen gesünder? 111
Machen Verfluchungen und magische Riten krank? . . . 113
Was ist mit Wasseradern und Erdstrahlen? 115
Besonders kränkend: erzwungene Rechtshändigkeit . . . 117
Adressen christlich orientierter Kliniken
    und Therapiehäuser 118

WAS KRÄNKT, MACHT KRANK –
ABER NICHT IMMER

Gehören Sie zu den Menschen, die sofort beleidigt sind? Schlucken Sie Ihre Gefühle herunter statt sie zu äußern? Sind Sie harmoniesüchtig und jedem gefällig? Dann ist Ihre Gesundheit gefährdet.

Wer empfindlich reagiert, hat ein schwaches, verletztes Selbstwertgefühl. Da genügen ein lauter Ton, ein schiefer Blick oder ein ironisches Lachen und das Gefühl sagt: „Ich bin nichts wert. Ich bin nicht gemocht." Solche Deutungen kränken; erst schlagen sie aufs Gemüt, dann auf die Organe. Da reicht es schon, wenn zwei Läuse über die Leber laufen oder das Wasser bis zum Hals steht. Der Mensch ist tief enttäuscht, weil die Dinge um ihn herum nicht so laufen, wie er es will. Unrealistische Ansprüche an sich selbst und an die Umwelt führen zu Ent-Täuschungen: „Du bist schuld, wenn es mir schlecht geht." Diese Denkweise ist falsch und verursacht die täglichen unsäglichen Kränkungen, die das Gesundheitssystem fast in den Ruin treiben.

Wahr ist, dass solche Menschen sich selbst kränken, indem sie sich ihre Liebens- und Lebenswertigkeit absprechen. Wer stets das Gefühl hat, anders sein zu sollen, als er gerade ist, wird nicht mehr wissen, wie er eigentlich ist oder sein möchte, ohne es zu sollen. Auch alte, nicht verheilte seelische Verwundungen können aufbrechen.

In meiner Schulzeit wurde ich von einem Lehrer vor den Klassenkameraden gedemütigt. Mehrmals. Ich wusste mich damals nicht zu wehren. Wenn ich heute beobachte, wie jemand von seinen Vorgesetzten gedemütigt wird, greife ich ein und verteidige ihn. Werde ich selber zu Unrecht angegriffen, wehre ich mich. Damals habe ich mir vorgenommen, meine Gefühle auszudrücken, mich nicht unterbuttern zu lassen. So was muss man lernen. Es gelingt nicht immer, aber immer öfter.

Was die einen problemlos wegstecken können, wirft andere aus der Bahn. Kränkungen aus Kindheitstagen, Liebesdefizite, Verlassenheitserlebnisse, aber auch aktueller Stress sowie überhöhte Erwartungshaltungen spielen wichtige Rollen bei der Entstehung von Kränkungen und Krankheiten.

Hier entstehen auch die Rachegelüste gekränkter Menschen. Rache ist zwar verständlich, doch keineswegs süß; nur die Versöhnung vermag das Gleichgewicht wiederherzustellen. Oftmals nehmen die Gekränkten eine kaputte Beziehung lieber in Kauf, als sich um Versöhnung zu bemühen; denn Gekränkte haben einen scheinbaren Vorteil: Sie müssen nichts ändern. „Du bist schuld", sagen sie und genießen diese Schuldzuweisung als eine Form von Rache. Im allgemeinen Debakel einer kaputten Ehe fühlen sich manche wohler als im zärtlichen Miteinander. Warum? Weil sie zu stolz sind, aufeinander zuzugehen.

Nun lassen sich Ärgergefühle nicht einfach am Ball oder Gaspedal abreagieren. Deshalb ist das Gespräch notwendig. Sperrt sich der andere aber, kann ich ihm im Brief meine Meinung mitteilen; ansonsten bleibt die Empfehlung, sich ein dickes Fell zuzulegen oder sich emotional von dieser Person zu distanzieren. Wenn ich ein Problem nicht lösen kann, dann löse ich mich vom Problem. Überprüfen Sie einmal das Motiv Ihres Gekränktseins: Glauben Sie, der andere nimmt die Beziehung zu Ihnen nicht so wichtig wie Sie selbst? Meinen Sie, die andere Person mag Sie nicht? Könnte es nicht sein, dass auch der Täter ein Opfer ist, also selber gekränkt wurde? Denn eine Regel sollten Sie sich gut merken: Nur Verletzte verletzen.

WER SICH NICHTS ANMERKEN LÄSST, IST GEFÄHRDET

Stress und Ärger an sich machen auf Dauer weniger krank als unterdrückte und verdrängte Gefühle. Nun ist Beherrschung der Emotionen durchaus angesagt, aber Beherrschung bedeutet nicht Verdrängung, sondern legitime, begründete Artikulation von Zorn, Angst oder welchen Gefühlen auch immer. „Ich bin sauer. Seit einer Stunde warte ich auf dich. Ich hatte Angst, es wäre was passiert. Du hättest wenigstens anrufen können." Eine solche Reaktion ist für alle Beteiligten besser als ein dumpfes, beleidigtes Schweigen oder ein aggressiver Vulkanausbruch.

Wer sich nichts anmerken lässt, schwitzt häufiger, hat kältere Hände und einen schwächeren Fingerpuls als derjenige, der seine Stressgefühle ausdrückt. Untersuchungen an der Uni-Klinik Ulm fanden heraus, dass „beherrschte" Menschen nur scheinbar gelassen und gleichmütig sind; sie selber glauben es jedenfalls und bezahlen dafür einen hohen gesundheitlichen Preis. Natürlich gibt es auch die wirklich Gelassenen, jene mit Humor und der Fähigkeit, sich und das Problem nicht so furchtbar wichtig zu nehmen. Auch die Choleriker, die ihren Unmut laut herauslassen, sind gefährdet. Ob unterdrückt oder zornig rausgebrüllt: Beide Typen können ihre Gefühle nicht rechtzeitig und angemessen artikulieren. Und da sie im Lauf ihres Lebens diese Verhaltensmuster automatisieren, bleiben sie ihnen meist unbewusst. Selbst der Arzt erkennt dann nicht, dass es nicht die verspannte Rückenmuskulatur ist, die die Kopfschmerzen verursacht, sondern der jahrelang aufgebaute seelische Stress.

Bereits das gelegentliche Jammern über seine Sorgen kann ein Schutzschild gegen Depressionen und Herzinfarkt sein. Frauen reden mehr als Männer. Vielleicht ist das einer der Gründe, der sie länger leben lässt. Nicht die Menge oder Qualität unserer Sorgen machen krank, sondern die Art und Weise des Umgangs mit ihnen. Sorgenvolle Menschen sind demnach empfindliche Personen, die ihre Probleme auf eigenes Verschulden zurückführen, die sich grüblerisch in ihre Sorgen hineinsteigern und eher darüber schweigen. Unter ihnen sind auffallend viele religiöse Menschen. Irrtümlicherweise verwechseln sie passives Erdulden von Ärger und Angst mit der biblischen Forderung der Jesus-Nachfolge.

In unserer Kultur ist Klagen verpönt. „Ich will ja nicht klagen", hört man oft. Und dann geht das Jammern erst richtig los. Andere Kulturen haben das Klagen ritualisiert; denken Sie an die bezahlten Klageweiber im Orient. Doch Jammern muss gelernt sein, wenn es hilfreich sein soll.

Beethoven nannte ein Musikstück: „Die Wut über den verlorenen Groschen". Da hört man deutlich den Groll, die sich steigernde Emotion angesichts eines kleinen Verlustes. So ein Ärger kann zum Infarkt beitragen. Nicht der Workaholiker ist gefährdet, wie man immer meinte, sondern der hitzköpfige Choleriker. Denn wer ein realistisches Ziel, ein angemessenes Gefordertsein und schließlich einen Lebenssinn hat, liegt im Vorteil. Diese Faktoren finden sich in bemerkenswerter Weise bei denen, die ein hohes Alter erreichen bei gleichzeitig guter Lebensqualität.

Interessant mag die Feststellung sein, dass gerade jene, die eine zu hohe Meinung von sich haben und frei von Selbstzweifeln sind, zu aggressiven und destruktiven Handlungen neigen. Sobald sie ihr gutes Selbstbild durch andere gefährdet sehen, rasten sie aus. Umgekehrt neigen Menschen mit geringem Selbstwertgefühl selten zu gewalttätigen Reaktionen. Beide Typen gehen mit sich nicht gut um. Beide müssten lernen, ein stabiles Ichgefühl aufzubauen, ohne im Fall einer Kritik aggressiv bzw. depressiv zu werden. Das Gespräch muss wieder geübt werden. Und: Niemand möge sich zu wichtig nehmen.

Einige Zeitgenossen greifen in stressigen Momenten zu Stimmungsmachern und Schmerzkillern. Für die einen ist das die Zigarette oder das Gläschen Wein, für die anderen sind es Glückspillen oder ein ausgedehnter Langlauf, der körpereigene Opiate freisetzt (sogenannte Endorphine oder Enkephaline). Hier lauert Suchtgefahr – und späte Impotenz. Also: Lassen Sie sich getrost anmerken, wenn Sie Ärger, Zorn, Angst, Trauer oder Freude haben; und reden Sie darüber.

STÖRUNGEN IM MAGEN-DARM-TRAKT

Für den Säugling bedeutet Nahrung Zuwendung durch die Mutter, Hautkontakt und Wärme. Auch für den Erwachsenen geht die Liebe durch den Magen. Bekanntermaßen reduziert sich das Hungergefühl bei Verliebten; denn sie haben ja ihre geliebte Person „zum Fressen gern". Hingegen verstärkt sich der Hunger bei denen, die sich ungeliebt fühlen; sie greifen zum Betthupferl und naschen zu viel. Die Sehnsucht nach Liebe verwandelt sich im Körper in ein Hungergefühl. Man spricht von Somatisierung.

Ernährungsstörungen weisen auf einen Verlust von Geborgenheit hin. Zugleich geht es den Betreffenden um die Absicherung von Macht und Einfluss. Denken Sie einmal an das Kleinkind, das seinen Darminhalt zurückhält, um sich so ein Gefühl von Macht zu verschaffen. Die Ernährung hat mit Geben und Nehmen zu tun. Der Heißhunger weist auf Überforderung hin, Erbrechen ist Ausdruck von Trotz und Verweigerung, und die Verstopfung symbolisiert den Geiz, der nicht loslassen kann.

Tatsächlich kann der Hunger nach Streicheleinheiten die Produktion von Magensaft anregen. Die so entstehende Hypersekretion verlangt eine orale (=mundbetonte) Befriedigung; denn wer jetzt nichts isst, bahnt möglicherweise einem Magengeschwür den Weg. Der Magen weiß nicht zu unterscheiden zwischen einer Materie, die er zu verdauen hat (Brot, Fleisch ...) und einem intensiven Gefühl (Ärger, Sehnsucht ...). In jedem Fall produziert er seine scharfen Verdauungssäfte.

So mancher nach Liebe und Geborgenheit Suchender gerät in die Sucht. Der „arme Schlucker" wird zum Flaschenkind und Alkoholiker; wer sich zum Fressen nicht gern hat, wird den Weg der Magersucht oder Ess-Brechsucht einschlagen: er ist sich zum Kotzen. Bisweilen nehmen diese Symptome psychotische Ausmaße an, sodass man die psychosomatischen Zusammenhänge kaum noch erkennen kann. Bei vielen Störungen sind die emotionalen Geschehnisse in den Hintergrund gerückt; sie sind maskiert.

Schluckbeschwerden und Kloßgefühl

Schluckbeschwerden entstehen durch Verkrampfung der Speiseröhre bzw. Irritation des Schluckreflexes, ausgelöst durch Angst. Das erleben manche Patienten beim Zahnarzt: Gerade dann, wenn der Bohrer ansetzt, haben sie das zwanghafte Gefühl, ständig schlucken zu müssen. Echte Schluckbehinderung kann auch durch Verätzungen oder Geschwulste entstehen; manchmal hat der Betroffene zusätzlich noch ein Globusgefühl, das sich wie ein Drücken oder Würgen anfühlt. Er meint, einen Kloß im Hals zu haben.

Frauen leiden häufiger darunter als Männer, wohl auch deshalb, weil sie ihre wahren Gefühle und Bedürfnisse zu oft herunterschlucken. Es hat etwas mit dem stillen Protest zu tun, gegen ungerechte Behandlung durch Vorgesetzte, gegen verletzende Kritik oder belastende häusliche Zustände. Vielleicht kann die Person aber auch den Hals nicht voll genug kriegen oder aber das Wasser steht ihr bis zum Hals.

Dieser Kloß heißt Globus hystericus und weist auf die

vornehmlich weibliche Erkrankung hin, denn Hystera heißt Gebärmutter (obgleich diese Störung nichts mit der Gebärmutter zu tun hat). Im schlimmsten Fall kann eine Verätzung der Speiseröhre oder ein Karzinom vorliegen. Ich habe Frauen in meiner Praxis gehabt, die ein Kloßgefühl im Hals entwickelten, nachdem sie von ihrem Mann zum Oralverkehr genötigt wurden. Daraufhin trat nicht nur das Globusgefühl auf, sondern auch ein Ekelempfinden gegenüber gewissen Speisen, z.B. Würsten.

Können organische Gründe verneint werden, muss die zugrunde liegende affektive Befindlichkeit angeschaut werden.

Geschwüre in Magen und Darm

Wenngleich auch emotionale Gründe die Ursache vieler Verdauungsstörungen sind, so lässt sich die Behauptung, Magen- und Darmgeschwüre seien vorwiegend Begleiterscheinungen geborgenheitssuchender Menschen, nicht so allgemein aufrechterhalten. Es fällt nämlich auf, dass es im Ersten Weltkrieg kaum Ulcuspatienten gab, während sie im Zweiten Weltkrieg wie die Pilze aus dem Boden schossen. In den fünfziger Jahren war das Magengeschwür eine der häufigsten Männerkankheiten; heute ist es eher selten. Worin liegt nun der Grund für diesen Gezeitenwechsel?

Australische Forscher fanden im Magensaft von Ulcuskranken ein Bakterium, Helicobacter pylori genannt. Dieses Bakterium zerstört den Schutzfilm der Schleimhaut, sodass sie der ätzenden Magensäure ausgeliefert ist. Mit Schwermetallsalzen (Wismut) konnte der Erreger rasch beseitigt werden. Dennoch bleiben die psychischen und sozialen Faktoren bei der Anfälligkeit nicht ausgeklammert. Denn wieso sind die einen empfindlicher als die anderen? Emotionaler Stress, Aggressionen und Machtwünsche treiben die Säureproduktion an. So kann der Helicobacter bei den einen die Ursache des Ulcus sein, unabhängig von deren affektiven Zuständen. Bei den anderen beginnt er erst sein zerstörerisches Werk, nachdem Stress und Ärger den Boden bereitet haben.

Es ist bekannt, dass Aggression und Ärger den Verdauungsprozess beschleunigen, während Angst und Depression ihn verlangsamen.

Herr K. ärgerte sich jahrelang herum mit seinem Vermieter. Er schluckte den Ärger, zeigte sich nach außen hin freundlich, litt aber zunehmend an einer Übersäuerung des Magens. Da er seinen Unmut nicht zeigte, reagierte der Magen sauer. Eines Tages erlitt er einen Magendurchbruch und starb. Er hatte sich buchstäblich ein „Loch in den Bauch geärgert".

Tatsächlich sind scheinbar anspruchslose, stets beherrschte Menschen mit großen Besitzansprüchen und latenten Aggressionen gefährdet. Sie suchen nach Anerkennung und leben in der ständigen Angst, die mühsam errungene Zuneigung der Mitmenschen zu verlieren. „Ich hasse sie alle, um deren Gunst ich buhlen muss, damit ich beruflich weiterkomme", sagte mir ein 40-jähriger Patient.

Einerseits vermag der Helicobacter eine emotional stabile Person anzugreifen; andererseits lässt sich die Grundstruktur der Persönlichkeit für die Empfänglichkeit einer Ulcuserkrankung nicht ausklammern.

Schuldgefühle beispielsweise werden – wie alle starken Emotionen – von der Hirnrinde registriert. Diese verweigert jedoch die intensive Beschäftigung mit dem unangenehmen Thema und gibt sie weiter ans Zwischenhirn. Das fordert die Magengefäße auf, sich zusammenzuziehen und Säure zu produzieren. Damit soll eine Art Ablenkungsmanöver geschaffen werden. Der Magen tut so, als müsse er etwas verdauen. Nun frisst er sich selber auf, da nichts zum Verdauen da ist. Das Geschwür entsteht.

Etwas anders schaut es mit dem Zwölffingerdarmgeschwür (Ulcus duodeni) aus. Diese Patienten sind meist sportliche, aktive und aufgeschlossene Menschen. Aber auch für sie gilt, dass sie zu ehrgeizig sind, in Hetze geraten oder eine soziale Isolierung erlitten haben. Untersuchungen zeigten eine Häufigkeit des Geschwürs bei Heimatvertriebenen, bei Geschiedenen und solchen, die ihre Gemeinschaft aufgeben mussten. Der Verlust der Harmonie ist entscheidend. Männer erkranken häufiger als Frauen.

Diät hilft kaum, da nicht falsche Ernährung Ursache der Erkrankung ist, sondern der Trennungsschmerz. Denn solche Menschen können problemlos Hunger und schlechte Ernährung aushalten, solange sie in Harmonie mit ihrer Gruppe leben. Das erklärt auch die erstaunliche Tatsache, dass die Menschen in notleidenden Ländern trotz Hunger und einseitiger Ernährung nicht so wegsterben, wie man es erwarten müsste. Der soziale Halt in ihrer Gruppe verlängert ihr Leben.

Bauchschmerzen und Völlegefühl

Starke Erregungen, auch Freude, können Druck auf den Bauch ausüben. Wenn ein Kontrasteinlauf bzw. ein Ultraschall keine Befunde bringt, kann man auf seelische Spannungen schließen. Hier liegen Überempfindlichkeit gegenüber Enttäuschungen, auch versteckte und meist unbewusste Abhängigkeiten von der Umwelt zugrunde. Wiederum sind es die Trennungen oder Ängste, die den Bauch wie einen Gasballon aufblähen können; irgendwie liegen die unverarbeiteten Geschehnisse „auf dem Magen". Ohnmächtig, die eigenen Wünsche zu benennen, unfähig, Aggressionen auszudrücken, bläht sich der Bauch auf, gefüllt mit einem Mix von sich widersprechenden Emotionen.

In fast masochistischer Selbstaufopferung werden Bedürfnisse zurückgehalten aus Angst, die Umwelt zu enttäuschen oder zu überfordern und dann selber darunter zu leiden. Manchmal könnte der Betreffende platzen. Sensible Menschen müssen daher auf gesunde Ernährung und natürlich auf eine rechtzeitige Beachtung ihrer Bedürfnisse achten.

Da Beschwerden im Bauchbereich viele Ursachen haben können, ist eine ärztliche Untersuchung zu empfehlen, vor allem bei schmerzhaften Blähungen. Im Allgemeinen weiß der Betreffende selber seinen nervösen Zustand einzuschätzen; meist liegt eine funktionelle, stressbedingte Störung des Dickdarms vor. Sehr gut bewähren sich Entspannungsverfahren wie Autogenes Training, Atemübungen und entsprechende Ernährung.

Erbrechen

Der achtjährige Michael hatte seit Monaten die Angewohnheit, regelmäßig donnerstagmorgens vor Schulbeginn zu erbrechen und somit den Schulbesuch zu verhindern. So konnte er liegen bleiben und wurde von seiner Mutter verwöhnt. Zunächst drängte sich der Verdacht auf, Michael wolle sich auf diese Weise einfach aus der Verantwortung schleichen, weil ihm die Schule bzw. der Lehrplan an Donnerstagen zum Kotzen war. Doch hatte er dieselben Fächer auch an den anderen Tagen. Nichts war am Donnerstag verdächtig.

Erst eine Reihe von Gesprächen mit seiner Mutter ergab Aufschlussreiches: Sie erlaubte ihm während der Ferien, dass er vom Mittwoch auf Donnerstag immer bei ihr, also im Bett des Vaters schlafen dürfe. Der Vater hatte während dieser Zeit Nachtdienst in einem größeren Betrieb. Jetzt zu Beginn der Schule sollte Michael wieder in seinem eigenen Bett schlafen, das fand er gar nicht toll; und so kam ihm alles hoch.

Natürlich geschah es unbewusst. Michael war sich über die wahren Hintergründe seines Verhaltens, das mit Biegen und Brechen die Nähe zur Mutter erreichte, nicht bewusst.

Häufig beobachtet man das Erbrechen bei Kindern und Jugendlichen, die autoritäre, überbesorgte Eltern haben

und beispielsweise gegen ihre Interessen zu einem unge-
liebten Beruf gedrängt werden. Die Nahrung wird zwar
nicht verweigert, aber immerhin unverdaut zurückgege-
ben: „Keins für Mama, keins für Papa!"

Es handelt sich um eine Protestäußerung. So kämpfte eine junge Frau innerlich gegen ihre bevorstehende Verheira-
tung mit einem Mann aus ländlichen Verhältnissen. Einerseits fühlte sie sich ihm moralisch verpflichtet, weil sie nun
einmal diese Beziehung begonnen hatte und weil ihre Eltern aus pragmatischen Gründen die Bindung wünschten.
Andererseits sträubte sich ihr Gefühl dagegen. Sie stand in
einem Gewissenskonflikt, den sie nicht lösen konnte. Deshalb drehte sich ihr Magen um. Erst nachdem ihr diese Zusammenhänge klar geworden waren, rang sie sich noch
rechtzeitig zu einer Trennung durch. Danach musste sie
zwar nichts mehr erbrechen, aber ihr Magen gab noch lange keine Ruhe.

Auch Migräne geht mitunter mit Erbechen einher;
ebenso starke Gehirnerschütterungen und Gehirnhautent-
zündungen. Deshalb sollte stets auch eine ärztliche Klärung
erwünscht sein.

Durchfall

Wenn man einmal von falscher oder verdorbener Nahrung
absieht, die zum Durchfall (Diarrhoe) führen kann, und
wenn man auch Entzündungen ausklammern kann, dann
drängen sich emotionale Faktoren als Ursache auf: Enttäuschungen, abgewehrte orale Abhängigkeitswünsche,
Schuldgefühle und Ängste. Tiefenpsychologisch stellt der
Darminhalt eine infantile Form des Geschenks dar. Bei der
Verstopfung wird es sozuagen verweigert, beim Durchfall
wird es formlos präsentiert, Ausdruck einer emotional auf-
gelösten, angstbesetzten Seele.

Es gibt Menschen, die hohe versteckte Versorgungsan-
sprüche hegen, mit anderen Worten: Sie wollen umsorgt

und verwöhnt werden. Werden ihre Erwartungen nicht erfüllt, streiken sie, indem sie das Essen unverdaut zurückgeben. So liefern sie die Nahrung wieder ab und entledigen sich dieser „schönen Bescherung".

Der Diarrhoe-Patient ist überfordert und ängstlich; er meint durchzufallen und hofft, durch Hingabe und Schenken die notwendige Anerkennung zu bekommen. Im Märchen „Tischlein deck dich" scheidet der Esel Goldtaler aus. Hier wird der Geschenkcharakter deutlich; jedoch Geld stinkt nicht und man kann mit Geld so manchen Zeitgenossen besch... Wer chronische Durchfälle erleidet ohne organisch erkennbare Erkrankung, muss sich die Frage gefallen lassen, wie er mit seinem Besitz umgeht. Kann er Geld nicht zuammenhalten? Ist er vielleicht verschwenderisch? Wie geht er mit seiner Zeit um? Zeit ist Geld, sagen wir.

Mitunter entdeckt man Eigenartigkeiten im frühen Umgang mit dem Taschengeld: Da haben die Eltern dem Kind das regelmäßig zustehende Taschengeld im Fall einer „Ungezogenheit" teilweise wieder abgenommen oder gekürzt. Um derartige Frustrationen zu umgehen, war das Kind zum möglichst raschen Geldausgeben verführt. Was ausgegeben ist, kann nicht mehr genommen werden. Die Mütter solcher Kranken sind meist überfordernd, streng, ängstlich, pedantisch.

Während die gewöhnliche Angst allenfalls einen verstärkten Harndrang auslösen kann, führt die panikartige Angst zum Durchfall. Der Betreffende hat buchstäblich Angst durchzufallen. Er ist überfordert. Besonders schwer tut er sich mit dem Loslassen und Annehmen; mal ist er übertrieben großzügig und unsicher, beispielsweise beim Trinkgeld, mal ist er wieder zu kleinlich. Unschwer zu erkennen, dass bei der Verschwendung eine übertriebene Form der Hingabe vorliegt, die nur eines zum Ziel hat, nämlich sich Anerkennung zu verschaffen. Auch die unverdaute Rückgabe der Nahrung stellt eine Verschwendung dar: das ganze Essen war umsonst.

Verstopfung

Der 16-jährige Bernd kam zu mir in die Praxis wegen einer Waschzwangsneurose, die er schon seit dem achten Lebensjahr mit sich herumschleppte. Er musste täglich übertrieben oft und lang seine Hände waschen, sodass er kaum noch zu einem kontinuierlichen Arbeiten kam. Außerdem hatte er täglich pünktlich um halb fünf seinen Stuhlgang; für seine Mutter eine erfreuliche Regelmäßigkeit, die fast zehn Jahre lang vermisst wurde, da Bernd unter einer chronischen Verstopfung litt.

Seit dem zweiten Lebensjahr wurde er von seiner Mutter zu einem regelmäßigen Stuhlgang angeleitet, fast genötigt, weil die Mutter selbst unter Verstopfung litt und bei ihrem Sprössling vorbeugende Maßnahmen ergreifen wollte. Doch stellte sich prompt nach dem vierten Lebensjahr die erste Schwierigkeit mit dem Stuhlgang ein, was die besorgte Mutter durch verschärfte Reinlichkeitserziehung zu beseitigen versuchte. Bernd begann nun, immer häufiger die Hände zu waschen und einen auffälligen, pedantischen Sauberkeitskult zu pflegen. Alles, was ihn beschmutzte, mied er und geriet jedes Mal in unruhige Besorgnis, wenn seine Haare, Hände oder Kleidung unsauber waren. Er war immer korrekt gekleidet, entwickelte sich zu einem ängstlichen, kontaktscheuen, doch sehr strebsamen Schüler und zeigte zunehmend geizige Verhaltensformen. Sein ganzes Denken war ausgerichtet auf den „Halb-fünf-Uhr-Stuhl", der ihn auch daran hinderte, Einladungen um diese Zeit anzunehmen oder Besuche zu machen, weil dieses Zwangsritual ihm peinlich war. Eine langwierige Behandlung, an der auch seine Mutter teilnahm, vermochte diesen pedantischen Umgang mit dem Stuhl ein bisschen zu lockern. Heute kann er die Zeit seines Stuhlgangs selbst bestimmen.

19

Dadurch, dass er inzwischen aus der Wohnung seiner Mutter ausgezogen ist, bleibt die ärgerliche Kontrolle der Mutter aus, die ja durch eine entsprechende Erziehung und Angstübertragung jene Verstopfung und Putzsucht verursacht hat.

Dieses Beispiel zeigt sämtliche psychosozialen Elemente auf, die hinter einer Verstopfung (Obstipation) stecken können. Abgesehen von Darmverschluss, Bauchfellentzündung, falscher Essgewohnheit u.a., die eine Verstopfung auslösen können, hat die chronische Obstipation wohl eher seelische Ursachen. Sie findet sich vorwiegend bei Menschen, die unter depressiven Verstimmungen leiden, äußerlich ruhig, innerlich gespannt sind. Im Unterschied zu den Durchfallpatienten, die mit Geld und Zeit recht verschwenderisch umgehen, zeigen die Verstopfungspatienten geizige, sparsame Tendenzen. Sie sind aggressiv und ordnungsliebend, fast pedantisch; sie halten angstvoll zurück, was ihnen einmal gegeben wurde, was sie einmal erworben haben. Dieser Geiz überträgt sich auf den Stuhl, den sie zurückhalten, weil sie diesen ebenso als schmutzig und unästhetisch empfinden wie als schuldhaft und verunreinigend.

Typischerweise wollen diese Menschen, meist Frauen, unbedingt eine bestimmte Aufgabe erfüllen, auch wenn sie den gestellten Anforderungen nicht gewachsen sind. Sie halten durch, trotzig und ängstlich zugleich, nach Selbstbestätigung suchend. Die Angst vor Verlust und Verausgabung spielt hierbei ebenfalls eine unbewusste Rolle – nichts soll herausgerückt werden. Die psychologische Bedeutung der Sauberkeitserziehung bricht hier durch: Ist ein Kind trotzig oder verängstigt, kann es seinen Stuhl verweigern und somit seiner Mutter Enttäuschung bereiten. Nun scheint es, dass Angst sowohl Durchfall als auch Verstopfung verursacht. Dennoch ist die Art der Angst verschieden, hier aggressiv gefärbt (Durchfall), dort depressiv gefärbt (Verstopfung).

Eine Frau mit Obstipation träumte nach der vierten Sitzung: Sie sitzt allein im Wartezimmer und muss dem plötzlich eintretenden Stuhldrang nachgeben, sodass sie den ganzen Boden mit ihrem Stuhl beschmiert. Da tritt der Arzt ins Zimmer; sie wird wach.

Die Patientin deutete ihren Traum dahingehend, dass sie Schwierigkeiten hätte, sich selbst loszulassen. Besitzdrang und Geiz waren ihr zu eigen. Sie sah ein, dass sie ihren analen Charakter aufgeben musste, sonst würde sie noch in ihrem Geld (=Kot) ersticken.

Natürlich ist die Ursache der Obstipation nicht immer seelischen Charakters. Infektiöse Darmerkrankungen können Verstopfung zur Folge haben. Die Einnahme üblicher Abführmittel ist hierbei bedenklich, weil sie die Darmschleimhaut zusätzlich reizen und weil sie zur Gewöhnung führen. Das befreiende Aufsuchen des stillen Örtchens, das keineswegs täglich vollzogen werden muss, lässt sich nämlich bald nur noch durch dauernde Steigerung der Medikamentendosis erreichen. Der Darm wird immer träger; Salz- und Kaliumverlust stellen sich ein; Herzmuskel und Nierenkanäle werden angegriffen. Mitunter stellen sich Lähmungen an Armen und Beinen ein. Der erwünschte Effekt wird also durch die regelmäßige Einnahme von Abführmitteln nicht erreicht. Diesbezügliche Märchen sollten endlich einmal aus der Welt geschafft werden: Abführmittel reinigen nicht das Blut. Das erledigen Leber und Nieren. Sie machen nicht schlanker. Täglicher Stuhlgang ist keineswegs zwingend erforderlich; auch erzeugt der im Darm weilende Stuhl keine Pickel, wie manche glauben. Diesbezügliche Werbungsmache betreibt Irreführung. Ständige Einnahme von Abführmitteln kann sogar zu Krebserkrankungen führen.

Besser ist es, die Ernährung zu überprüfen, Sport zu treiben und den Anteil der seelischen Ursache aufzudecken. Weizenkleie, Leinsamen, Obst, Gemüse, Vollkornbrot – also Ballaststoffe – helfen bei Verdauungsschwierigkeiten. Eine Hingabeübung wie das Autogene Training ist immer zu empfehlen und erreicht über den Weg der Wärmezufuhr und körperlich-seelischen Entspannung einen natürlichen Stuhlgang.

Colitis ulcerosa

Der sogenannte chronische Darm ist heute noch eines der größten diagnostischen Probleme. Seelische Komponenten sind oft kaum abzugrenzen; die Persönlichkeit des Patienten, der unter schubweisen Durchfällen mit Leibschmerzen leidet, ist zweifellos schon vor Ausbruch der Krankheit depressiv gefärbt. Diese Menschen, so scheint es, sind überempfindlich gegen Frustrationen; sie suchen Bezugspersonen, deren Verlust sie zugleich fürchten, weshalb sie sich an sie kletten. Auch Veränderungen im Beruf oder Wohnortwechsel manifestieren sich sofort im Darm; sie sind nicht in der Lage, Trennung und Verlust zu verarbeiten. Sie verdrängen ihre Gefühle, können nicht darüber sprechen (emotionaler Analphabetismus), nehmen ihre Aggressionen nicht wahr und wirken insgesamt infantil. So die Beschreibung in vielen psychosomatischen Fachbüchern (Luban-Plozza, Uexküll, Jores). Neben entzündungshemmenden Medikamenten ist eine aufdeckende, analytische Therapie zu empfehlen. Inzwischen hat man bei einigen Fällen Antikörper gegen die eigenen Darmzellen festgestellt, sodass an eine Immunstörung gedacht werden kann, wobei der Körper irrtümlich sein eigenes Gewebe angreift. Es muss also keineswegs immer eine gestörte Persönlichkeitsentwicklung zugrunde liegen. Überhaupt ist Vorsicht in der Krankheitsdeutung angebracht; mit einer voreiligen, einseitigen Zuweisung an seelische Defekte wird man den Patienten nicht gerecht. Das gilt im Übrigen für alle hier beschriebenen Symptome.

STÖRUNGEN DER ATMUNG

Die meisten Menschen atmen falsch. Sie schieben in ihren Atemwegen nur verbrauchte Luft hin und her, weil sie zu hastig und flach Luft holen. Sie haben nicht genügend Sauerstoff.

So verwundert es nicht, dass Kurse mit Atemübungen (Hatha-Yoga, Autogenes Training, Atemmassage, Rebirthing u.a.) gern belegt werden. Gott hauchte dem Menschen seinen Atem ein, heißt es in der Heiligen Schrift. Atem ist Leben. So wie wir leben, so atmen wir. Ist unser Seelenfrieden gestört oder ist unser Lebenskonzept auseinandergefallen, dann schlägt sich das auf den Atem nieder: Es bedrückt uns, es verschlägt uns den Atem, es bleibt uns die Luft weg. Unterdrückte Gefühle und alte Verletzungen aus der Kindheit können die Atmung erheblich blockieren; so kommt es in Stress-Situationen bei dem einen zum Stottern (Balbuties), bei einem anderen zum Luftschlucken (Aerophagie) und wieder bei einem anderen zur Hechelatmung mit versteiften Händen (Hyperventilation). Bei einem richtigen, befreiten Durchatmen werden 70% aller Gifte aus dem Körper ausgeschieden, was Haut, Harnwege und Dickdarm merklich entlastet.

Asthma

Der Asthmatiker hat große Not, seine in Mengen eingeatmete Luft wieder loszuwerden. Wer einmal einem solchen Kranken zugeschaut hat, weiß, was Atemnot bedeutet: die Bronchialmuskulatur verkrampft sich, ebenso das Zwerchfell; die Lungen sind blutüberfüllt, die Schleimhäute schwellen an und verlieren durch Entzündung die für den Schleimtransport wichtigen Flimmerzellen. Schließlich kommt es zu vernehmbaren Rasselgeräuschen beim Atmen, zu einem beängstigenden Japsen.

Der Patient bemüht sich fälschlicherweise darum, aus

dem passiven Atemvorgang einen aktiven zu machen, also seine Luft wieder auszupressen, was ihm nur unter großen Anstrengungen gelingt. Doch ist die Frage zu stellen, wo hier der psychische Hintergrund dieser Atemnot liegt. Gibt es typische seelische Störungen, die einen derartigen Anfall begründen, wenn von rein allergischen oder infektiösen Ursachen abgesehen werden kann?

Beobachtungen und Vergleiche unter Asthmatikern lassen darauf schließen, dass eine charakteristische Persönlichkeitsstruktur vorliegt. Der Asthmaleidende steht in ständiger Opposition zu irgendeinem bestimmten Vorfall oder Zustand in der zwischenmenschlichen Beziehung, ohne seine Aggressionen äußern und entladen zu können. Gleichzeitig ist er erzürnt darüber, dass er überhaupt einen Anfall bekommt; das macht ihn ärgerlich, worauf er sich wiederum ärgert. Atmen ist ein passives Geschehenlassen und Strömenlassen. Da aber der Asthmatiker aufgrund seiner psychischen Situation nichts einfach geschehen lassen kann, wehrt er sich – allerdings erfolglos – dagegen; die Konsequenz: es verschlägt ihm buchstäblich den Atem. Es ist die mangelnde Toleranz, auch die fehlende Dynamik, die ihm auf die Brust drückt, ihn einschnürt und ersticken lässt.

Gleichzeitig leidet der Patient unter geringem Selbstwertgefühl, sieht sich rascher als andere in die Enge getrieben, ist ängstlich und depressiv. Hier sollte die gespielte Selbstsicherheit nicht täuschen, die so mancher Asthmatiker zeigt, um die tatsächliche Ohnmacht vor sich und der Umwelt zu verdecken. Häufig sind die Mütter solcher Patienten wesentlich beteiligt an der Entstehung der Krankheit: So wird der Anfall verglichen mit dem unterdrückten Schrei nach der Mutter. Typisch ist ja auch die Verstärkung der Ausatmung bei intensiver Kommunikation und beim Schreien. So kann der Asthmaanfall als Extrem dieser Verstärkung verstanden werden, der den Schrei nach der Mutter unterdrückt. Hier liegt also eine ambivalente (=doppelwertige) Mutterbeziehung vor, die ihre Ursache wiederum in der Ängstlichkeit der Mutter hat. Das bedarf einer Erläuterung: Die Mutter findet in ihrer Ehe oder in den anderen sozialen Kontakten nicht genügend Befriedigung, vielleicht weil sie dominieren möchte und damit auf Ablehnung stößt. So sucht sie ihre Befriedigung beim Kind, das sie verwöhnt und bemuttert, teils aus Angst um das Kind, teils aus Dominanzstreben. Sie bevormundet das Kind, macht es unselbstständig und provoziert damit die Ablehnung durch das Kind. Unselbstständig gemacht, ruft nun dieses Kind seine Mutter zu Hilfe, wehrt sich zugleich aber gegen jene Bevormundung, die mit dem Zuhilfekommen der Mutter verbunden ist. Die Mutterbindung ist somit ambivalent. Der Asthmaanfall ist also eine somatisierte, verkörperte Revolution gegen die erstickende Mutterliebe.

So ist der Patient erhöht emotional ansprechbar, reizbar und fordernd, fast egozentrisch. Gleichzeitig zeigt er angepasstes, ehrgeiziges Verhalten.

Ich wurde einmal zu einem Patienten gerufen, der seit 15 Jahren unter schweren Asthmaanfällen litt. Als ich die Wohnung betrat, fiel mir die Enge der Zimmer auf, die Lieblosigkeit, mit der seine Verwandten ihn pflegten. Die Ehe ging schon lange nicht mehr gut; ursprünglich hatte er seine Frau aus Mitleid geheiratet. Die gesamte Physiognomie verriet Zorn, Bitterkeit und atemberaubende Beklommenheit. Mir wurde plötzlich klar, wie sehr unsere Redewendungen jenen Zustand der Atemnot charakterisieren: Dieser Mann musste „seinem Ärger Luft machen", konnte es aber nicht, da ihm „die Luft wegblieb". Gewiss wollte er seiner Familie „etwas pusten". Als ich die Wohnung verließ, musste ich selbst erst einmal „tief Luft holen", so bedrückend war mir die Atmosphäre erschienen.

Die meisten Asthmatiker weisen ein hyperaktives Bronchialsystem auf: kalte Luft, Rauch oder Staub können zur Atemnot führen. Die Sekretion wird gestört; Ödeme und Bronchospasmen können sich bilden. Mehr als zwei Drittel der Fälle weisen emotionale Faktoren auf. Die Schulmedizin sieht das anders. Sie sagt, dass nicht die neurotischen Tendenzen des Menschen zu Asthma führen, sondern umgekehrt: Das Asthma erzeugt neurotisches Verhalten. Auf jeden Fall sollten medizinische und psychologische Heilmethoden Hand in Hand gehen.

Was ist zu tun? Ist das Asthma mit einer Allergie verbunden, so steht eine Desensibilisierung im Vordergrund. Auch Entkrampfungsmittel (Bronchospasmolytika) sind angeraten. In Fällen, in denen das seelische Moment besonders stark dahinter steht, vor allem bei Kindern und Jugendlichen, ist eine Elterntherapie, insbesondere die der Mutter, angezeigt. Natürlich sollen Atemübungen, Massagen der Bauchmuskeln und progressive Muskelentspannungen durchgeführt werden. Das Autogene Training mit der Formel: „Es atmet mich. Alles ist entspannt und gelöst. Bronchien frei und strömend warm", muss regelmäßig geübt werden.

Im Allgemeinen behalten ca. 40% der Patienten ihre Symptome bei. Offenkundig ist die Mutter-Kind-Bindung intensiv und hartnäckig. Wesentlich erscheint mir die von vielen Ärzten als unsinnig oder töricht bezeichnete Bauchmuskelmassage, mit der ich schon bei schweren Asthmatikern Linderung erreichen konnte. Hierbei legt sich der Kranke *flach,* obgleich er das nicht gern tut. Nun massiert man von der Magengrube her über die seitlichen Bauchmuskeln, geduldig und langsam. Fühlt sich der Betroffene entspannter, kann zur Atemübung gewechselt werden. Da Asthmatiker beim Einatmen die Brust hochziehen (sogenannte Schlüsselbeinatmung), muss der Brustkorb festgehalten werden. Jetzt muss die Bauch- oder Zwerchfellatmung geübt werden: eins – einatmen, zwei – anhalten, drei

– ausatmen, vier – anhalten und so fort. Aufgrund der suggestiven Wirkung, die bei dieser Behandlung ein wichtiges Element ist, sollte für solche Fälle ein Arzt, Atemtherapeut oder kundiger Psychotherapeut aufgesucht werden. Auch das Erlernen des Autogenen Trainings erfordert einen Fachmann, da beim Selbsttraining die Kontrolle fehlt und typische Fehler eingeübt werden, die Kopfschmerzen, Oberarmschmerzen und Schwindelgefühle verursachen können.

Bei erwachsenen Patienten mit psychogenem Asthma steht die Bewusstmachung der Hintergründe an. Auch wenn diese seelischen Faktoren aufgedeckt und mögliche Allergieauslöser erkannt sind, bleibt mitunter das Asthma weiter bestehen, weil es sich automatisiert hat. Eine völlige Heilung ist daher selten.

Husten und Bronchitis

Ein Mensch, der ständig hüstelt oder gar lautstark hustet, drückt damit irgendeinen Protest aus, den er durch Worte nicht zu formulieren vermag. Er will „einem was husten", ist aber nicht in der Lage, die Aggressionen auszusprechen. Wohlgemerkt, es handelt sich hierbei um den regelmäßigen Husten, der unüberhörbar die Umgebung stört, der oftmals nur nachts ausbricht und sich erfolgreich gegen die Therapie durchsetzt.

Während der normale, gelegentliche Hustenanfall Fremdkörper aus der Luftröhre schleudern will oder einfach nur eine kurzfristige Infektion darstellt, will dieser symbolische Husten innere, als fremd empfundene Strebungen ausstoßen. Ein Lehrer zeigte unbewusst dem Chef gegenüber seine Protesthaltung, indem er bei dessen Anwesenheit permanent hüstelte und sich räusperte. Er wagte nicht, ihm direkt und unverschlüsselt seine Meinung zu sagen; so tat er es auf dem Weg der Organsprache.

Mitunter kommt es dabei zu einem Auswurf, der Ausdruck des Ekels oder der Feindseligkeit ist. Dieses Ausspucken kommt einem Anspucken gleich und signalisiert Verachtung, Trotz, Enttäuschung.

Eine solche Sekretion der Bronchien mit morgendlichem Auswurf deutet auf eine Bronchitis hin, deren chronischer Verlauf so gut wie unheilbar ist. Die Erkrankung der Atemwege kann durch Nikotin, Alkohol, Drogenkonsum oder Luftverschmutzung sowohl verursacht als auch verstärkt werden. Daher ist es nicht immer leicht, einen tatsächlichen seelischen Hintergrund zu erkennen, obgleich der Betroffene sehr rasch auf den möglichen, ihm bewusstseinsnahen Grund stößt, wenn er dahingehend befragt wird.

Noch nie kam ein Patient in meine psychologische Praxis wegen chronischer Hustenanfälle oder Bronchitis. Offenbar wird hierbei der seelische Anteil am allerwenigsten vermutet. Aber bei manchen Patienten fiel mir auf, dass ihr Leiden, dessentwegen sie kamen, von einem lästigen Hüsteln oder asthmatischen Pfeifton begleitet wurde. War es Protest gegen die seelische Erkrankung, beispielsweise vegetative Dystonie? War es eine zufällige Infektion, etwa eine Berufskrankheit wie die Staublunge? War es begleitender Ausdruck eines Protests? Diese Fragen weisen auf die Schwierigkeiten hin, die mit der Diagnosestellung und Therapie verbunden sind.

Bei einem Symbolhusten ist die Ursache zu suchen und der Patient muss zum verbalen Protest befähigt werden. Die chronische Bronchitis ist durch Atemübungen, Rauchverbot, Alkoholeinschränkung, Änderung des Lebensstils, notfalls auch durch Wohnungs- und Klimawechsel, kombiniert mit medikamentöser Behandlung, anzugehen, obgleich eine völlige Heilung meist nicht erreicht wird.

Seufzeratmung

Bei der Seufzeratmung wird die normale Atmung immer wieder unterbrochen von einem tiefen, hörbaren Luftholen und Ausatmen. Jeder Laie erahnt hier den Zusammenhang zwischen seelischer Ursache und körperlicher Symptomatik. Ein solcher Seufzer drückt Sorge und Belastung aus, kann aber auch Erleichterung signalisieren, wobei dann die Schultern befreit hinabsinken.

Der seufzende Mensch verrät Ohnmacht gegenüber der Welt mit all ihren unabänderlichen Hindernissen und Problemen. Seine Beziehung zur Welt ist belastet, nicht eine konkrete Beziehung zu Mitmenschen. Er hat das Empfinden, nicht vorwärts zu kommen und seine Anstrengungen durch entsprechende Erfolge nicht ausgleichen zu können. So hält er buchstäblich inne und befreit sich durch einen tiefen Seufzer.

Da es ihm an der nötigen Gelassenheit fehlt, am positiven Denken und Selbstvertrauen, rate ich ihm, Entspannungstechniken wie Yoga oder Autogenes Training zu erlernen. Dadurch erhalten für ihn die Dinge einen anderen Stellenwert; er ist besser in der Lage, sich von bedrückenden Momenten zu befreien und gelassener auf Sorgen zu reagieren.

Nicht jeder mag Yoga. Und nicht jeder braucht es. Wer seine innere Ruhe und Gelassenheit im Glauben findet, wer sich von Gott getragen weiß, kann besser loslassen und den Geschehnissen in die Augen schauen. Manche sehen in den asiatischen Entspannungsübungen Selbsterlösungsstrategien und weisen sie weit von sich. Soweit Yoga einzig und allein der psychophysischen Entspannung dient, ist dagegen nichts einzuwenden.

Hechelatmung (Hyperventilation)

Zum ersten Mal trat bei mir während einer kurvenreichen Autofahrt dieses beeindruckende Leiden der Hyperventilation auf. Später kam es dann wieder während einer Sahara-Reise, die ich allein mit dem Auto unternahm. Ich war so gestresst, dass ich anfing zu hecheln und dabei meinen

Atem übersäuerte. Die Folgen waren Schwindelgefühle, Ameisenkribbeln in den Händen und im Bauch, steife Finger, verwaschene Sprache. Um den Verlust des Sauerstoffs wettzumachen, stülpte ich mir eine Plastiktüte über den Kopf, band sie am Hals zu und atmete in der Tüte meine eigene Luft wieder ein, solange, bis der Anfall vorüberging. In einem anderen Fall ließ ich mir eine intravenöse Spritze setzen mit Calciumcarbonat. Als Beduinen sahen, wie ich mir die Tüte über den Kopf zog, glaubten sie, ich wolle Selbstmord begehen, und taten alles, mich davon abzuhalten. Es war tragikomisch.

Eine solche Hechelatmung tritt bei manchen Personen auf, wenn sich in ihnen Ohnmachtsgefühle und Angst breit machen. Auch tritt sie oft in Verbindung mit Brustschmerzen auf, etwa bei funktionellen Herz- und Kreislaufbeschwerden. Die Persönlichkeit des Patienten antwortet auf starke Emotionen mit einem angstbesetzten „Abatmen" statt sie verbal auszudrücken oder aktiv abzureagieren. Aus verschiedenen Gründen kann der Betroffene seiner Nöte nicht Herr werden und versucht, sie mit der Atmung abzugeben, wobei er dann nur im Brustbereich atmet, was die Atemnot wiederum verstärkt.

STÖRUNGEN IM KOPFBEREICH

Der Kopf gilt als das Zentrum des Denkens und Wollens. Redewendungen wie „gelehriger Kopf", „Dickschädel", „Hohlkopf", „Denkerstirn" und „jemandem die Stirn bieten" bekräftigen diese Auffassung. Gleichzeitig bietet er mit dem Gesicht eine vielfältige Informationszentrale an: Gesichtsausdruck (Mimik) und Knochenbau (Anatomie) signalisieren Empfindungen und Charakterstrebungen, deren Gesetzesmäßigkeit von der Ausdruckspsychologie untersucht wird.

Der Kopf ist sozusagen der Leuchtturm für die Umwelt. Wer „im Kopf nicht ganz richtig" ist, hat wesentliche geistige Funktionen verloren, was mitunter auch seine Mimik verrät. Wem „der Schädel brummt" oder wer „die Nase voll" hat, deutet an, dass irgendwelche Anstrengungen Störungen verursacht haben. Schmerzen im Kopfbereich weisen auf seelische Hintergründe hin, angefangen bei Halsschmerzen (er hat einen dicken Hals, ist halsstarrig, halst sich zu viel auf), über Zahnentzündungen (Unfähigkeit, die Zähne zu zeigen oder auf sie zu beißen) bis hin zum chronischen Schnupfen (er ist verschnupft, hat die Nase voll). Am häufigsten aber ist der Kopfschmerz, der seiner Vielschichtigkeit wegen hier genauer beschrieben wird.

Kopfschmerzen

Das zunehmende Leistungsdenken unserer Gesellschaft bereitet uns immer mehr Kopfschmerzen. Der Kopfschmerz ist ein Signal für eine falsche Lebenseinstellung, sofern er nicht rein organischer Natur ist, beispielsweise von einer Wirbelverklemmung oder von einem Tumor verursacht wird oder Folge einer chemischen Vergiftung ist, wie durch Natriumnitrit in der Wurst, Tyramin im Rotwein oder Glutamat im chinesischen Essen. Unser Körper spricht in verschiedenen Symbolen, die es zu entziffern gilt; so könnte der stechende Schmerz im Kopf ein Hinweis sein für „verbohrtes Denken", für krampfhafte Versuche, gewisse, zu hoch gesteckte Ziele unbedingt erreichen zu wollen. Dahinter steckt also falscher Ehrgeiz.

Schon Kinder, die an Kopfschmerzen leiden, zeigen ähnliche Symptome: Sie sind auffallend artig und brav, meist wenig mitteilsam und erstaunlich versessen auf die eigene Leistung. Das Verhältnis zu den Eltern ist schwankend; vielfach leiden sie zugleich an Schlafstörungen. Solchen Kindern – wie auch Erwachsenen – fehlt es an Liebe und emotionaler Zuwendung. Die Eltern dieser Kinder gehören meist zu den Leistungsmenschen, die ihren Sprösslingen unbewusst zu verstehen geben, dass sie durch Leistung und Erfolg Liebe und Anerkennung erwerben können. Angstgefühle, Zorn oder Enttäuschungen können zu Muskelverspannungen führen. Dabei verengen sich auch die feinen Blutgefäße im Kopf, sodass nicht ausreichend für eine Durchblutung gesorgt ist. Das erzeugt Schwindelgefühle und Benommenheit. Nun erhöht sich der Druck, indem das Herz stärker pumpt, um wieder genug Blut durch die Gefäße zu schicken. Dieser Vorgang überdehnt die Adern plötzlich, wobei die überdehnten Gefäße gegen die benachbarten Nervengefäße drücken und Schmerz erzeugen. Beim „Kater" erzeugt der Alkohol durch Verbrennung Hitze und überdehnt die Gefäße. So kann nur eine normal durchblutete Vene den Schmerz beseitigen. Das erreicht kurzfristig ein kalter Lappen auf dem Kopf, langfristig aber nur eine entsprechend gelassene und entspannte Haltung.

Wenn solche Spannungszustände andauern, können Kopfschmerzen chronisch werden. Meist sind sich die Betreffenden ihrer Spannungszustände nicht bewusst, sodass sie sich auch die damit verbundenen Schlafstörungen nicht erklären können.

Der Kopfschmerz, der durch Wetterfühligkeit verursacht wird, beruht auf der unterschiedlichen Ionisierung der Luft. Ionen sind elektrisch geladene Atome, die von Magnetfeldern beeinflusst werden und ihrerseits eine elektromagnetische Wirkung auf den Menschen ausüben. Hier sind vor allem sensible Personen betroffen, die auf solche atomare Luftveränderung mit Kopfschmerz reagieren, d.h. mit einem Überschuss an Serotonin im Blut. Serotoninüberschuss verursacht Nervosität, Spannung, Migräne, Schlaflosigkeit und wird erzeugt im Gehirn, sobald die Atemluft zu viele positive Ionen beinhaltet.

Sowohl beim gewöhnlichen Kopfschmerz als auch beim halbseitig auftretenden, oft mit Erbrechen gekoppelten

Schmerz, Migräne genannt, findet man seelische Spannungen als Ursache. So leidet der eine immer nur montags, der andere nur vor Prüfungen oder schweren Aufgaben an Schmerzen. Merkwürdigerweise werden intelligente Leute mehr befallen als dumme. Es scheint gerade so zu sein, als steige das Denken zu Kopf. Allgemein kann man sagen, dass der Kopfschmerz bei den intelligenten Menschen eher seelisch verursacht ist als bei den weniger intelligenten. Die Sensibilität und Einfühlsamkeit, die ein Teil der Intelligenz ist, wirkt bis in den körperlichen Bereich hinein.

Nach einem aufregenden Erlebnis, nach Ärger, nach Erschöpfungen oder in Verbindung mit Augenerkrankungen kann Kopfschmerz auftreten. Die Migräne lässt sich meist genau lokalisieren, findet sich häufig in der Augen-Stirn-Partie und tritt periodisch auf. Vergebens sucht der Patient nach Ursachen und Erklärungen; Probleme sucht er krampfhaft zu lösen, zugleich fürchtend, diese Lösung nicht zu finden. So bereitet ihm das Problem um die Lösung eines Problems Kopfschmerzen.

Andere werden getrieben vom Drang nach Erfolg; dahinter verbirgt sich der Wunsch, Liebe und Anerkennung zu bekommen. Diese Patienten besitzen ein mangelndes Selbstwertgefühl, sind auch kaum in der Lage, aggressive Gefühle zu zeigen und auszuleben. Ihr gesamter affektiver Bereich scheint blockiert zu sein. Die Probleme des Herzens steigen ihnen zu Kopf.

Gelegentlich benutzen die Betroffenen ihre Schmerzen als Machtmittel: Sie fordern damit Rücksicht von der Umwelt, erheischen so Mitleid und stellen sich in den Mittelpunkt des Interesses. Auf diese Weise erzwingen sie auf Umwegen die Zuwendung anderer, doch niemals echte Liebe. Im Grunde verdecken sie seelische Konflikte und missbrauchen ihre Anfälle als willkommene Möglichkeit, die Familie zu beherrschen: „Nehmt bitte Rücksicht auf mich, ihr bringt mich sonst noch ins Grab!"

Zwischen Kopfschmerz- und Migränepatienten ist der seelische Hintergrund oftmals verschwommen bzw. überfließend. Auch die Migräne basiert auf Leistungsdenken. Ehrgeiz und Perfektionismus sind hier häufige Begleiterscheinungen. Die Wohnung muss pedantisch sauber sein; die abendliche Heimkehr der Kinder und des Ehepartners wird ängstlich erwartet und pünktlich gefordert. Zwangsneurotische Züge spielen mit, ebenso der angstvolle Gedanke, man könne den eigenen Anforderungen nicht gewachsen sein. Selbst Ruhepausen können solche Patienten kaum genießen, da sich gerade während solcher Entspannungszeiten wie Wochenende, Urlaub oder Feiertage die Migräne einstellt.

Dabei bringen die Migräne-Typen es oft sehr weit in ihrem Beruf. Sie erklimmen beachtliche Positionen, sind aber empfindlich gegenüber jeder Kritik, die sie auf sich persönlich beziehen. Sie überladen sich mit Arbeit und Verantwortung, können kaum „nein" sagen und ärgern sich darüber. Innerlich bleiben sie unsicher und können sich kaum ihrer Erfolge freuen, da schon das nächste Ziel vor Augen steht. Fast drängt sich die Vermutung auf, sie wollten sich für ihren unangemessenen Leistungsdruck und Ehrgeiz bestrafen.

Dass sie kaum fähig sind, sich einer Sache ungetrübt hinzugeben, lässt möglicherweise darauf schließen, dass sie auch den Mitmenschen gegenüber hingabegestört sind. In der Tat kommt dies in den sexuellen Beziehungen bisweilen zum Ausdruck: ausgerechnet in solchen Momenten meldet sich wieder der Kopfschmerz. Vielleicht wird dieser Schmerz aber auch unbewusst arrangiert, um einer unangenehmen Situation ausweichen zu können: „Entschuldige, meine Migräne ist wirklich unerträglich. Sei mir bitte nicht böse, aber ich kann heute nicht!"

Da es einfach und bequem ist, greifen hier viele Leute zu Tabletten. Aspirin® ist eines der meistgeschluckten Präparate; es mindert die Schmerzempfindlichkeit der Nerven, kann aber auf Dauer die Magenwände und auch die Nieren angreifen. Inzwischen wissen wir, dass Aspirin® nicht nur Fieber senken, sondern auch Herzinfarkt, Schlaganfall sowie Krebserkrankungen vorbeugen kann. Allerdings führt ein ständiger Gebrauch von Aspirin® u.U. zu Blutarmut und Ohrensausen. Weil dieses Medikament zur Vitamin-C-Ausscheidung führt, bietet die pharmazeutische Industrie Aspirin® PLUS C an, was wiederum vermehrte Magenprobleme bewirken kann.

Wesentliche Hilfe könnte ein aufdeckendes Gespräch geben, das sorgfältig die Lebenshaltung und Denkweise überprüft. Massagen in der Nackenzone, Gymnastik und frische Luft sind weitere Hilfen. Sehr gut bewährt hat sich die Akupressur, die Massage bestimmter Nervenstellen im Gesicht und am Kopf. Hierbei massiert der Betroffene mit seinen Fingerkuppen kreisend etwa zwei bis drei Minuten täglich die entsprechenden Stellen, wobei er in entspannter Lage verharrt. Besser ist es, die Massage wird von einer anderen Person vorgenommen.

Das Autogene Training ist daneben eine wertvolle Unterstützung. Die Formel lautet: „Kopfschmerz gleichgültig. Kopf, Stirn und Nacken sind angenehm entspannt und frei. Jeder Atemzug bringt Ruhe und Entspannung." Da gerade Migränekranke dazu neigen, die Entspannung herbeizuzwingen, was natürlich das Gegenteil bewirkt, sollte diese Übung möglichst passiv und eventuell mit leichter, ruhiger Musik im Hintergrund durchgeführt werden.

Fast zehn Prozent der Kinder leiden an Migräne, gekoppelt mit Übelkeit und Erbrechen. Manchmal klagen sie nur über die Begleitsymptome ohne Kopfschmerz, sodass niemand an eine Migräne denkt. Hier sind physiologische Gründe (Nahrungsmittel, Infektionen), situationsbedingte Ursachen (Stress, Lichtreize) und seelische Hintergründe (überhöhte Ansprüche, Versagensängste) genau zu prüfen.

Haarausfall

Die meisten Männer geraten in untröstliche Stimmung, wenn ihre Haarpracht immer lichter wird. Und da es immer noch kein sicheres Mittel zur Förderung der Mähne gibt, bleibt nur die schicksalhafte Ergebenheit und die Hoffnung, dass auch eine Glatze ihre erotische Wirkung haben kann. Siehe Kojak. Täglich fallen 50–100 Haare aus, das ist normal; sie wachsen nach.

Ein starker Haarwuchs galt immer als Symbol für Männlichkeit und Stärke. Den größten Haarschopf hatte Absalom, ein Sohn von König David. Von Zeit zu Zeit ließ er sich das Haar schneiden, weil es ihm zu schwer wurde. Jedes Mal wogen die abgeschnittenen Haare mehr als zwei Kilo (2. Samuel 14,26). Seine Mähne war zweifellos imposant, kräftiger und fülliger als die vom Münchener Modezar Moshammer. Simson hieß der Kraftmensch, der seine körperliche Stärke seinen Haaren verdankte. Er zerriss nicht nur einen Löwen, sondern tötete sogar mit dem Unterkieferknochen eines Esels tausend feindliche Soldaten und hob dann auch noch das schwere Stadttor von Gaza aus den Angeln (Buch der Richter 15 und 16). Erst als Delila ihm die Haare im Schlaf abschnitt, war er so schwach wie unsereiner, wenn er aus dem Fitnessraum stolpert.

Andauernder Stress kann die Ursache für Haarausfall sein. So ganz bewiesen ist es nicht. Aber die genetische Programmierung ist sehr deutlich: Haben die Väter schon früh eine Glatze, werden ihre Söhne sie höchstwahrscheinlich auch bekommen. Dass mit dem Haarausfall das Selbstwertgefühl sinkt, ist erwiesen; unklar bleibt hingegen, ob ein schwaches Selbstwertgefühl den Haarausfall verursacht oder umgekehrt.

Manchmal kann man sich die Haare raufen, das tun mitunter verhaltensgestörte Kinder: Sie reißen sich ganze Haarbüschel aus (Trichotillomanie) und stecken sie dann noch in den Mund. Hier liegt offenkundig ein Liebesdefizit vor, wie es bei manchen Heimkindern beobachtet wird. Man spricht ebenfalls von hospitalistischen Störungen.

Bei Frauen ist die Glatzenbildung wesentlich deprimierender. Vielleicht haben sie zu viele männliche Hormone. Oder sie haben ihre Haare jahrelang mit aggressiven Farbstoffen traktiert.

Zu bedenken ist, dass eine Vitamin-A-Überdosierung ebenso wie eine Eisenmangelanämie den Haarausfall verursachen können.

Haarausfall kann verzögert werden durch Förderung der Kopfhautdurchblutung (Massagen, mit der Noppenbürste auf den Kopf klopfen und sich dabei bücken), durch Verwendung von Haarwasser und milden, öligen Shampoos.

Schnupfen

Eine Patientin klagte über Magenschmerzen und allgemeines Unwohlsein, das trotz längerer medikamentöser Behandlung nicht merklich zurückging. Der Arzt empfahl ihr das Autogene Training, doch auch damit kam sie nicht zurecht. Schließlich kam sie zu mir, von Verwandten geschickt, die eine seelische Ursache vermuteten. Der Gang zum Psychologen kostete sie eine ungeheure Überwindung, weil sie der Meinung war, dies sei eine Bankrotterklärung für ihre geistige Verfassung. Ich musste sie also erst einmal beruhigen und darüber aufklären, dass der Psychologe kein „Irrenarzt" ist und dass ihre Probleme völlig „normal" sind, da sie alltäglich vorkommen.

Das erste Gespräch ergab bereits etliche Aufschlüsse über die Ursachen ihrer Magenschmerzen. Während dieser und der folgenden Behandlungsstunden schnupfte sie immerzu, was sie zunächst nicht sonderlich beachtete, bis sie selbst einmal die Bemerkung machte, dass sie ihren Schnupfen nicht mehr los bekäme. Der Arzt meinte, es sei eine chronische Form des Schnupfens, wohl eine unausgeheilte Grippe, und verschrieb ihr homöopathische Mittel.

Im weiteren Gesprächsverlauf äußerte sie, dass der Schnupfen bzw. das „Hochziehen der Nase" am Arbeitsplatz stärker würde, am Abend zu Hause hingegen manchmal gänzlich verschwände. Ob das auch seelisch bedingt sei, fragte sie. In der Tat war es so.

Die genaue Erforschung ihrer Lebensgeschichte brachte eine Fülle von Problemen zutage: So wurde sie von ihrer Mutter zum jetzigen Beruf der Sekretärin genötigt; ihren eigenen Wunsch, im sozialen Bereich tätig zu werden, musste sie zurückstellen. Das Arbeitsklima gefiel ihr überhaupt nicht, der Chef sei ein „aufdringlicher Lackaffe". Eine Kündigung habe sie schon lange erwogen, doch mit Rücksicht auf ihre Mutter nie ausgesprochen. So schluckte sie ihre täglichen Frustrationen, bekam Magenschmerzen und hatte vom Job die Nase voll. Sie konnte ihren Chef nicht mehr riechen.

Als ihr die Zusammenhänge zwischen ihrer Krankheit und der beruflichen Situation klar wurden, kündigte sie auf meinen Rat hin die Stelle als Sekretärin. Sie ließ sich umschulen zur Krankenpflegerin und verlor kurze Zeit darauf ihren lästigen Schnupfen (und damit auch ihre Magenschmerzen).

Nicht immer geht eine Therapie so glatt wie im vorliegenden Fall. Denn wer kann sich schon einen Berufs-, Orts- oder Wohnungswechsel leisten, der oftmals die einzige hilfreiche Heilbehandlung ist?

Dieses Beispiel ist nicht einmalig. In vielen Fällen, in denen der Schnupfen Begleit- oder Hauptsymptom ist, wird der seelische Hintergrund nicht erkannt, weil nicht vermutet und nie angesprochen. Der Schnupfen wird als Folge einer Erkältung gedeutet und entsprechend behandelt. Mitunter ist es also ratsam, lästiges Schnupfen und Schneuzen als ohnmächtigen Protest, als tiefe Betroffenheit oder „hochgezogenen" Ärger zu deuten. Vielleicht gibt es auch einen Zusammenhang zwischen dem frechen, ärgerlichen

Benehmen eines Menschen und der Betitelung als „Rotz-
nase". Jedenfalls sollte man derartige Verbindungen nicht
außer Acht lassen.

Es liegt auf der Hand, dass erst die Aufdeckung der Hintergründe und eine entsprechende Situationsveränderung
zum Verschwinden des Symptoms führen können.

Zahn- und Kiefererkrankungen

Was hat das seelische Befinden mit Zahnschmerzen zu tun?
Die wenigsten vermuten hier einen Zusammenhang. Tatsächlich findet sich in den neuen Lehrbüchern der Psycho-
somatik nichts darüber.

Dass Zahnschmerzen die seelische Stimmung erheblich
beeinflussen, vor allem, wenn sie sich am Samstagabend
und im Urlaub einstellen, ist jedem klar. Dass aber umgekehrt gewisse seelische Verhaltensformen auf den Kauap-
parat Einfluss haben, ist weniger geläufig. Letzteres aber
möchte ich hier aufzeigen.

Mehrere Zahnärzte, die ich anrief, teilten mir mit, dass
sich 90 Prozent der Bevölkerung in zahnärztlicher Behandlung befinden, dass davon die Hälfte (vorwiegend
Kinder und Jugendliche) an Karies erkrankt ist, dass die andere Hälfte (Erwachsene) an Parodontose leidet, mitunter
auch gleichzeitig an Kiefergelenkerkrankung. Sie alle nehmen übereinstimmend an, dass sich hinter solchen Störungen seelische Probleme verbergen, die nicht unmittelbar,
wohl aber mittelbar mit den genannten Erkrankungen zu-
sammenhängen.

Zunächst einmal zur Karies. Sie ist eine Zerstörung des
Zahnhartgewebes und des Zahnhalteapparates; begünstigt
wird sie durch die allzu häufige Zufuhr von Kohlehydraten,
unter ihnen vor allem Zucker. Dieser entkalkt die äußere
Schmelzschicht und gibt so eine Angriffsfläche für die Bak-
terien frei. Natürlich wird dieser Vorgang durch oberfläch-
liches Zähneputzen noch beschleunigt.

Nun wissen wir, dass gerade Kinder und Jugendliche Zucker in Form von Süßigkeiten zu sich nehmen, besonders dann, wenn sie frustriert und enttäuscht sind. Sie greifen also zu einer mundbetonten Ersatzbefriedigung, um den Liebesmangel für kurze Augenblicke auszugleichen. Bonbons, Schokolade, Eis, Kaugummi, Cola und Limonade stehen hier an erster Stelle.

So kann man also zu der vereinfachten Aussage kommen: Wer sich verlassen und unverstanden fühlt, greift häufiger zu süßen Nahrungsmitteln als Ersatz für die ausbleibende Belohnung und soziale Zuwendung. Somit setzt er sich häufiger der Gefahr aus, an Karies zu erkranken, die durch eine mangelhafte Gebissreinigung noch begünstigt wird. Oder noch einfacher ausgedrückt: Karies ist mit hoher Wahrscheinlichkeit die mittelbare Folge einer frustrierten Dauerstimmung.

Eine solche Vereinfachung provoziert Ablehnung. Schließlich leiden etliche Menschen, die sich unverstanden und missachtet fühlen, nicht an Karies; andere, die kaum Süßigkeiten essen, sind ständig beim Zahnarzt. So darf denn auch die Möglichkeit einer Vererbung bzw. Veranlagung nicht übersehen werden. Ich sagte schon an anderer Stelle, dass sich die psychischen Konflikte zunächst am schwächsten Körperteil auslassen ...

Die zweite Volksseuche ist die Parodontose, der Zahnbettschwund, der die Zahnlockerung und schließlich den Zahnausfall zur Folge hat. Die Parodontose wird in erster Linie durch eine schlechte Zahnpflege verursacht. Zahnfleisch und Kieferknochen werden schubweise abgebaut, wobei die Überlastung einzelner Zähne eine weitere Ursache darstellt.

Der seelische Faktor, der hier an der Entstehung der Parodontose mit beteiligt ist, verbirgt sich meist hinter der Bequemlichkeit bzw. Hektik, mit der der Betreffende an die Reinigung seiner Zähne herangeht. Wer morgens zu spät aufsteht, muss sich sputen. Er wird seine Zähne nur oberflächlich reinigen, im Durchschnitt noch keine Minute. Dabei sind 2–3 Minuten erforderlich. Wer abends müde ist, wird ebenfalls schludern. Hauptsache: geputzt.

Viel auffälliger ist aber ein anderes Fehlverhalten, das die Parodontose verursachen kann: das nächtliche Zähneknirschen (Bruxismus). Dieses Knirschen ist ein Signal für verdrängte Aggressionen, die tagsüber verborgen bleiben, des Nachts aber zutage treten. Dahinter steckt eine unterbewusste Verbissenheit, die auch in unseren Redewendungen zum Ausdruck kommt: „auf die Zähne beißen", „jemandem die Zähne zeigen", „sich an etwas die Zähne ausbeißen". Verbissene, ehrgeizige Menschen, versteckt aggressive oder übertrieben beherrschte Zeitgenossen neigen dazu, auf die Zähne zu beißen und das Kiefergelenk zusammenzupressen. So kommt es zu Abnutzungserscheinungen an den Backenzähnen, mitunter auch zu Kiefergelenkerkrankungen. In meinen Kursen für Autogenes Training beobachte ich immer wieder, dass eine Reihe von Teilnehmern das Gebiss fest verschlossen hat, ohne dies bewusst als Entspannungshemmnis zu verspüren. Erst im Nachhinein stellt sich dann möglicherweise heraus, dass jene „Verbissenheit" die Ursache ihrer Einschlafstörung ist.

Nägelkauen und Daumenlutschen sind weitere Gründe für eine Erkrankung der Zähne, wobei sich hierbei Gebissunregelmäßigkeiten einstellen, also Schmalkiefer, Überbiss (die unteren oder oberen Schneidezähne ragen heraus) oder Deckbiss (die oberen Zähne sind nach innen geneigt). Mitunter sind auch Lippenbeißen, Zungenpressen und – als rein körperliche Ursache – rachitische Erkrankungen schuld am Fehlbiss.

Ein gesundes Gebiss ist in unserer Gesellschaft von großer Bedeutung. Es stärkt das Selbstvertrauen und erleichtert die Kontaktaufnahme. Zerstörte, gelbe und kranke Zähne schlagen sich entsprechend auf das Gemüt des Betreffenden nieder. Unsere Kaugummi kauende Generation tut gut daran, zuckerfreie Ware zwischen die Zähne zu schieben. Der durch das Kauen erzeugte Speichel ist dann sogar ein Schutz gegen Karies. Viele benutzen den Kaugummi, um damit ihre Unsicherheit abzureagieren; die Gebissaktivität stellt eine Übersprungshandlung dar, die eine Verlegenheit überbrückt.

Wer für gesunde Zähne sorgen will, sollte die Einnahme von kohlehydratreicher Nahrung, vor allem von Zucker, auf das Notwendige begrenzen. Er sollte weiterhin aggressive Empfindungen rechtzeitig abbauen und natürlich die Zähne regelmäßig gründlich reinigen, immer von Rot nach Weiß, d.h. immer vom Zahnfleisch zur Zahnkrone, und zwar zuerst die oberen, dann die unteren Zähne, zuerst außen, dann innen; zum Schluss werden die Flächen der Backenzähne gereinigt. Nicht die Zahncreme entscheidet, sondern die Reinigungstechnik und -dauer. Vor allem aber: Er sollte nicht rauchen.

Tinnitus

Das Ohrensausen gilt heute als heimliche Volkskrankheit. Etwa zehn Millionen Bundesbürger sind betroffen. Schon Beethoven, Luther und Rousseau konnten darüber ein Lied singen – und sei es nur, um das quälende Brummen, Rauschen, Piepsen zu übertönen. Vermutet wird eine mangelhafte Sauerstoffversorgung des Innenohrs, verursacht unter anderem durch Stress, Dauerlärm, Walkman und Disko-Dröhnung. Einer von hundert Jugendlichen leidet bereits am Tinnitus, von den dauerbedröhnten Diskjockeys ganz zu schweigen.

Auslösend können Diabetes und sogar verschobene Halswirbelgelenke sein. Je nach Geräusch lässt sich die Ursache vermuten: Hört man sozusagen den eigenen Pulsschlag, sind vielleicht die Arterien verengt; hört man ein Rauschen und Strömen, ist vielleicht eine Vene verstopft;

klickt es, kann ein Muskel im Mittelohr erkrankt sein – kann, muss nicht. Hier wird noch eifrig geforscht.

Am besten lässt sich das Störgeräusch in den ersten Tagen nach seiner Entstehung beheben: mit Infusionen und Medikamenten. Manche Ärzte schwören auf die Sauerstoffbehandlung in einer Überdruckkammer. Der Patient selbst sollte nicht mehr rauchen und auf Kaffee wie auf Alkohol verzichten.

Dass Stress beim Tinnitus mitverursachend ist, leuchtet ein. Ein solcher Stress kann auch darin bestehen, dass jemand ständig zu viel von sich selber verlangt. Er setzt sich sozusagen unter Druck. Ob auch ein unbewusstes Nicht-mehr-hin-hören-wollen dabei eine Rolle spielt, bleibt offen. Damit das lästige Geräusch nicht mehr so lästig ist, setzt man bei chronisch Kranken einen sogenannten Tinnitusmasker ein. Dieses kleine Hörgerät überdeckt mit angenehmeren Geräuschen den unangenehmen Ton. Tatsächlich hat diese Therapieform Erfolge und ist auch bei den deutschen Krankenkassen anerkannt.

STÖRUNGEN DER BLUTGEFÄSSE

„Blut ist ein ganz besonderer Saft", lässt Goethe im „Faust" den Mephisto sprechen. Dieser Saft ist der Nährstoff für den Organismus; er wird in einem ausgeklügelten Kreislaufsystem durch Venen, Arterien und Haargefäße in sämtliche Zellen und Fasern des Körpers transportiert. Ein Hoch- und ein Niederdrucksystem ermöglichen die Versorgung, ausgehend vom Herz, das als Druckpumpe dient. Der Durchmesser eines Gefäßes, durch das Blut strömt, bestimmt den Druck.

Nun wissen wir, dass Angst zur Gefäßverengung führt, demzufolge also Druckabfall bewirkt. Zorn und Ärger erreichen den gegenteiligen Effekt. Bleiben diese Empfindungen Dauerzustand, werden die Gefäße entsprechend verändert, enger oder weiter. Somit wird ein stets veränderter Druck vermittelt. Es entsteht Hoch- oder Niederdruck.

Auf Dauer kann dies zu Herzrhythmusstörungen führen und zu einem unregelmäßigen Stoffaustausch zwischen Blut und Gewebe, zum Nierenversagen.

Ob also das Blut „kocht" oder in den Adern „erstarrt", hängt von der psychischen Grundstimmung der Betreffenden ab, wenn man einmal von klimatischen oder chemischen und erblichen Bedingungen absieht. Eines der besten Mittel, die Blutgefäße elastisch zu halten, ist der Sport (Gehen, Radfahren, Schwimmen).

Bluthochdruck (Hypertonie)

Lang andauernde Erhöhung des Blutdrucks über 160/90 mm Hg (=chem. Zeichen für Quecksilber) bezeichnet man als Hypertonie, eine der häufigsten Erkrankungen des Menschen. Untersuchungen ergaben, dass ca. 20 Prozent der Hypertoniker bestimmte Organerkrankungen aufweisen, beispielsweise Nierenleiden oder Überfunktion der Hirnanhangdrüse. Die restlichen 80 Prozent weisen keine eindeutigen Ursachen vor. Zwar sind mitunter hoher Salzkonsum, mangelnde Bewegung und Alter beteiligt, doch scheint der seelische Anteil bei dieser Krankheit besonders hoch zu liegen.

Welche psychischen Störungen liegen vor? Gibt es einen charakteristischen Persönlichkeitstyp?

Die verschiedensten Forschungen sind sich alle darin einig, dass der Hypertoniker aggressive oder auch ängstliche Impulse verleugnet. Diese chronische Hemmung der aggressiven Empfindungen führt zu einer andauernden Erregung der Gefäße, vornehmlich zur Erweiterung, was den Bluthochdruck zwangsläufig verursacht. Die Betreffenden zeigen außerdem zwanghafte Züge und eine diffuse Angst, sich nicht durchsetzen zu können. Sie kämpfen ständig gegen ihre Ängste an, unterdrücken die Aggressionen und geraten so in eine Kampfstimmung, die sich nie entlädt. Sie verhalten sich wie „Tiger im Käfig", stets bereit zu einem Kampf, der nie stattfindet.

Nach außen hin erscheinen sie beherrscht, sehr aktiv und gewissenhaft, pflichtbewusst, freundlich und zuvorkommend. Dahinter verbirgt sich jedoch oft eine große Unsicherheit und Verletzbarkeit. Es ist verständlich, wenn sich manche Leute misstrauisch und distanziert verhalten gegenüber besonders freundlichen und friedliebenden Mitmenschen, die nach außen hin gefügig erscheinen und auch bewusst Frieden stiften wollen, gleichzeitig aber weniger bewusst zu Streit bereit sind, wenn sie dabei auch große Schuldgefühle hegen.

Hetze, Sucht nach Erfolg und Anerkennung auf der einen Seite, Wunsch nach Abhängigkeit und Passivität auf der anderen Seite sind die beiden Pole, zwischen denen sich der Patient bewegt. Dabei verbietet er sich den Wunsch nach Abhängigkeit, der aus alten Kindheitstagen stammt, weil er ja nach Macht und Sicherheit strebt, was er gleichfalls unterdrückt und durch eine große Hilfsbereitschaft zu verdecken und „wiedergutzumachen" versucht.

So steht der Hypertoniker in einem paradoxen Spannungsfeld. Er ordnet sich dem Leistungs- und Machtdenken unter, weil er sich so Zuwendung verschaffen will, entwickelt zugleich Wut gegen diese Haltung, unterdrückt die Wut aber und lebt in einer ständigen Verteidigung seiner Selbstbehauptung. Er flieht vor sich selbst.

Beobachtungen ergaben, dass sich bei Gruppen mit hohem Blutdruck auffallend viele Konflikte und soziale Spannungen fanden. Und auch die Tatsache, dass sich bei älteren Leuten vermehrt Hypertoniker zeigen, erklärt sich daraus, dass mit dem Alter die Fähigkeit der Anpassung an vorgegebene Situationen abnimmt und dadurch eine Abwehrhaltung einerseits, ein vergebliches Bemühen um Eingliederung andererseits zutage tritt. Ältere Leute resignieren oder kämpfen verbissen.

Die Nebennierenrinde erzeugt dabei Adrenalin, bekannt als Stresshormon. Adrenalin wird immer bei Angst, Schock und Kampfstimmung in die Blutbahn ausgeschüttet. Es soll den Betreffenden warnen oder zu einer entsprechenden Schutzreaktion, zum Beispiel Flucht, aufmuntern. So erklärt sich auch die ungeheure Energie und körperliche Kraft, die manche Menschen in Gefahrensituationen zeigen. Der Hypertoniker jedoch ist sozusagen ständig auf der Flucht, ohne zu laufen; er steht in einem bewegungsarmen Kampf gegen irgendwelche unterdrückten Empfindungen und Wünsche. Seine Gefäße sind ständig erweitert; das Adrenalin stets auf Reise. Sein Blut „kocht". Er ähnelt einem parkenden Auto, dessen Motor im Leerlauf ständig hochgepuscht wird.

Es ist anzunehmen, dass ihm in seiner Kindheit das Ausleben seiner Aggressionen, die Selbstbehauptung verboten wurde. Stets musste er sich fügen. Das erzeugte in ihm Ärger, den er ebenfalls verdrängen musste, weil er sonst mit Bestrafungen zu rechnen hatte. Dieses Verhaltensmuster behielt er als Erwachsener bei. Er versucht aber, seine innere Spannung durch Helfen und Einsetzen für andere auszugleichen, wird jedoch umso mehr enttäuscht, wenn diese Hilfsbereitschaft nicht anerkannt wird. Die übertriebene Anpassung und Unterordnung an die Gesellschaft, an Leistung, Ehrgeiz, Gesundheit, Erfolg, Besitz, Sicherheit usw. ist der eigentliche Grund seiner Krankheit.

Ein 45-jähriger Angestellter einer staatlichen Behörde litt zunehmend an Herzflattern, Handschweiß und Bluthochdruck. Er zeigte alle Anzeichen eines gehetzten Menschen. Mir fielen seine überaus ängstlichen Verhaltensweisen auf: So machte er sich ständig Vorwürfe, aufgrund seiner Krankheit die anstehende Arbeit nicht bewältigen zu können, bangte um seine Laufbahn und fühlte sich als

Nichtbeamter zu mehr Leistung verpflichtet. Er war korrekt, pedantisch. Dass er wegen nicht bestandener Prüfungen kein Beamter wurde, machte ihm sehr zu schaffen. So glaubte er, sein lädiertes Image bei den Kollegen und Vorgesetzten durch Überstunden und Entgegenkommen aufpolieren zu müssen. Diese selbst aufgeladene Bürde belastete ihn. Sein hoher Blutdruck war Ausdruck eines tiefliegenden Angst- und Schuldgefühls, das hoch kam angesichts früherer Fehlleistungen und künftiger Anforderungen. So entwickelte er eine krankhafte Wachsamkeit, die sich in Schlafstörungen ausdrückte. Innerlich immer auf Hochtouren, vermochte er seine aggressiven Gefühle nicht abzubauen.

Die Mehrheit der Patienten fühlt sich nicht seelisch krank. Daher erfasst sie auch nicht die wahren Hintergründe ihrer Krankheit. Da eine Heilung nach längerem Ausharren in diesem Zustand nicht mehr ausreichend erfolgen kann, ist die vorbeugende Behandlung immer noch die beste. Bluthochdruck lässt sich ausgezeichnet mit suggestionstechnischen Methoden angehen: Autogenes Training und Hypnose sind hierbei die nützlichsten. Dazu kommt regelmäßige Bewegung: Schwimmen, Radfahren, Spazierengehen u.a. Das Vermeiden stark gesalzener Speisen ist ebenso zu empfehlen wie das Vermeiden von Stressfaktoren, z.B. Lärm am Arbeitsplatz, Hektik, Missmut ... Wer stark raucht und trinkt und damit bereits seine seelischen Belastungen andeutet, muss sich nicht wundern, wenn trotz sportlichen Ausgleichs sein Hochdruck anhält.

Bei einer medikamentös behandelten Hochdruckerkrankung ist zu beachten, dass zu Beginn Schwindel- und Schwächezustände eintreten können. Dem Patienten muss daher die Wirkung des Medikaments erklärt werden, damit er nicht aus Angst die Behandlung abbricht.

Sobald der Patient seine aggressiven Regungen abreagieren kann, sinkt der Blutdruck, sofern nicht schon ein chronischer Status vorliegt. Daher muss er ermutigt werden, angestaute Empfindungen äußern zu dürfen und einen gewissen Grad von Selbstbestätigung in Beruf und Familie zu entwickeln. Hierbei kann er selbst durch ein Blutdruckmessgerät den Erfolg kontrollieren und sich von der ärztlichen Kontrolle freimachen. Bekanntlich steigen Puls und Blutdruck bei ängstlichen Menschen, wenn sie unter Erfolgsdruck stehen, z.B. bei einer ärztlichen Untersuchung.

Blutniederdruck (Hypotonie)
Von Blutniederdruck spricht man, wenn die Druckwerte unter 100/60 mm Hg liegen. Abgesehen von einer anlagebedingten Hypotonie, die sich vorwiegend bei hochschlanken Typen und untrainierten Menschen findet, kann der Blutdruck durch Infektionskrankheiten, Blutverlust, Störungen der Hirnanhangdrüse oder durch Schilddrüsenunterfunktion gesenkt werden. Dabei gelangt zu wenig Blut durch die Organe.

Die Mediziner wie auch die Psychologen vermuten, dass der seelische Hintergrund beim Niederdruck wesentlich schwächer ist als beim Hochdruck, zumal körperliche Dispositionen (also ererbte Konstitution) den Niederdruck verursachen. Sicher können mitunter auch seelische Faktoren mitspielen, die zu Blässe, kalten Gliedmaßen, Konzentrationsstörung, Unlust, Augenflimmern, Menstruationsstörung und Herzstichen führen. Vor allem ist die Angst wieder im Spiel. Aber auch längeres Stehen, zu schnelles Aufrichten und plötzliches Erschrecken lassen den Druck sinken, was dann zu Schwindel und Schweregefühl in den Beinen führt.

Die Symptome des Niederdrucks sind die gleichen wie bei Angstgefühlen und Aggressionsstimmungen. Der Blutdruck sackt ab, das Gehirn wird schlechter versorgt, es kann zur Ohnmacht kommen. Gleichzeitig pumpt das Herz schneller, da es ja für ein Gleichgewicht sorgen muss. Hypotoniker weisen in der Tat versteckte und nicht gelebte Hingabewünsche auf, die sie sich aus irgendwelchen Gründen verbieten. Bei ihnen „erstarrt" das Blut in den Adern, weil sie ihre Wünsche, auch aggressive Neigungen, „kaltgelegt" haben. Diese Unterdrückung verursacht Unterdruck, stellt einen Spannungszustand dar mit einer ständigen unterschwelligen Angst vor Leistungen, die sie erbringen zu müssen glauben, um sich geliebt zu wissen.

In meiner Praxis beobachtete ich wiederholt, dass Hypotoniker einen leistungsorientierten Vater haben oder hatten, der ihnen immer zu verstehen gab, dass gute Leistungen seine Bewunderung und Zuwendung fänden. So wollen die Patienten dem Vater, stellvertretend auch dem Vorgesetzten, durch Anstrengung und Fleiß gerecht werden. Zugleich befürchten sie aber, ihr Ziel nicht zu erreichen. Die Patienten überfordern sich selbst und signalisieren mit ihren eintretenden Schwindel- und Kältegefühlen, dass ihnen „schwindelig" wird angesichts der bevorstehenden Anforderungen. Sie bekommen „kalte Füße". Tritt Handschweiß hinzu, was auch bei Hochdruck vorkommt, so steht das Angstgefühl vor dem Versagen, besonders gegenüber Autoritätspersonen, im Vordergrund.

Blutniederdruck ist im Allgemeinen harmlos, jedenfalls günstiger als der Hochdruck, da hier die Gefäße nicht belastet werden. Bürstenmassagen, Wechselduschen, mäßiger Sport und Vermeiden von längerem Stehen verbessern den Zustand. Auch hierbei hat sich Autogenes Training mit der Wärme- und Atemformel als besonders günstig erwiesen. Natürlich ist auf eine mäßige Lebensführung zu achten.

Im Übrigen gilt bei sämtlichen Störungen des Kreislauf- und Drucksystems die Devise, regelmäßig zu leben. Jedes Zuviel an Fernsehen, Autofahren, Kalorien und Schlaf schädigt ebenso wie das Zuwenig an Bewegung, Ausgleichsbeschäftigung und Sauerstoff. Es ist der verlorene Maßstab, der das Kreislaufsystem durcheinander bringt.

Arteriosklerose

Unter Arteriosklerose versteht man Verschleißerscheinungen bei den Gefäßwänden, Verdickungen und Verhärtungen der Wände, die dadurch weniger Blut durchlassen. Eiweiße, Fette (Cholesterin) und Mineralstoffe setzen sich in den Arterien ab und bilden Pfröpfe, die die Blutbahn verstopfen können. Dieser Vorgang ist als Thrombose bekannt. Das kann sich im Gehirn abspielen (Cerebralsklerose), im Herz (Coronarsklerose), in den Nieren (Nephrosklerose) und in anderen Organen.

Erbliche Bedingungen sowie Alterserscheinungen und falsche Ernährung können die Ursachen sein; aber auch Bluthochdruck, Stoffwechselstörungen, Nikotin, Bewegungsarmut und die typischen Stressfaktoren sind daran beteiligt. Letzteres sind also seelische Faktoren, die an der Entstehung der Arteriosklerose maßgebend mitarbeiten.

Ängste und Sorgen lassen die Muskeln in der Arterienwand sich zusammenziehen. Bleibt das ein Dauerzustand von Jahren, entstehen ernsthafte Schädigungen. Das abgelagerte Cholesterin verkalkt und behindert dadurch die Blutzufuhr zu wichtigen Organen und Zellen. Es kommt zum teilweisen oder vollständigen Ausfall der betreffenden Funktionen. Geschieht die Verkalkung beispielsweise in einem bestimmten Bereich des Kleinhirns, verringern sich die für Gleichgewicht und Gang zuständigen Zellen: Die Folgen sind Zittern und Koordinationsmangel. Geschieht es in den zum Herz führenden Arterien, in den Kranzgefäßen, wird das Herz unterernährt und allmählich verstopft. Es folgt der Infarkt (infarctus: verstopft).

Anfällig hierfür sind bestimmte Berufsgruppen wie Ärzte, Direktoren, leitende Angestellte, Leute mit großer Verantwortung und seelischer Belastung. Aber auch Arbeiter, Beamte und Rentner sind davon betroffen, was angesichts der gestiegenen Stressfaktoren wie Unsicherheit, Leistungsdruck, ungünstige Arbeitsmarktlage usw. nicht verwundert. Diese Menschen leben in einem ständigen Zustand innerer Spannung, leiden vielfach unter Bewegungsmangel bei gleichzeitiger Hetze. Sie gehören meistens zu den Rundwüchsigen, den sogenannten Pyknikern, und sind überwiegend männlichen Geschlechts.

Statistische Ergebnisse über Skleroseanfälligkeit und Nikotinkonsum zeigen, dass von 1000 Infarktpatienten 130 Personen mehr als eine Packung Zigaretten täglich rauchen, 50 aufgehört haben und 40 nicht rauchen. Diese Untersuchung umfasst Männer zwischen 30 und 60 Jahren.

Die Persönlichkeitsstruktur der Arteriosklerotiker oder Infarktgefährdeten verrät ein überangepasstes Verhalten, also hochgradige Aufgeschlossenheit und Kontaktfreude. Sie sind „hochherzig", gleichzeitig aber wenig flexibel im Gesamtverhalten. Sie sind ehrgeizig, ruhelos, ungeduldig und glauben, nie genügend Zuwendung zu finden. Dadurch geraten sie in Arbeitswut und emotionale Belastung. Die Folge ist eine vermehrte Ausschüttung der Stresshormone Adrenalin und Noradrenalin in die Blutbahn, was auf Dauer die Venenverstopfung fördert.

Wer unter Minderwertigkeitsgefühlen leidet, ist in Gefahr, diese durch übertriebenen Leistungswillen auszugleichen. Wird der Wille nicht genug gewürdigt, entsteht wiederum das Gefühl einer Minderwertigkeit. So schließt sich der Kreis. Treten weitere Belastungsmomente hinzu, wie Tod des Ehepartners, Scheidung, Kündigung, Pensionierung oder späte Schwangerschaft, steigt das Infarktrisiko bei solchen Leuten, die jene Spannungsmomente nicht entladen können, indem sie sich beispielsweise das Schreien, Schlagen, Weinen verbieten. Sie nehmen es sich zu sehr „zu Herzen" und müssen schließlich „blutenden Herzens" ihre falsche Lebenshaltung aufgeben, wenn sie noch können.

Besser ist die vorbeugende Maßnahme. Das Rauchen sollte gänzlich eingestellt werden, was durch Ersatzhandlungen wie Kaugummikauen, Safttrinken oder Kaltrauchen erleichtert wird. Körperliche Aktivität ist maßvoll und langsam sich steigernd auszuüben, wobei sportliche Betätigung Spaß machen sollte. Wer Trimm-dich-Pfade nur ungern benutzt, tut sich keinen Gefallen. Die Ernährung sollte fettarm sein. Magermilch senkt den Cholesteringehalt im Blut und schützt so vor einer Arterienverkalkung. Milch kann noch mehr, sie enthält Kalzium und beugt der Osteoporose vor; andererseits ist sie aber auch beteiligt an der Entstehung von Nierensteinen.

STÖRUNGEN DER BEWEGUNGEN

Ob Bandscheibenschäden, Wirbelsäulenverkrümmungen oder Zittern der Hände und Beine, ob rheumatische Erkrankungen oder Schiefhals, ob hyperkinetische Symptome oder blockierte Reflexe – der Mensch ist in seiner Bewegung behindert. Was aber bewegt ihn oder was verhindert seine Bewegung? Was hindert ihn, seine Wege ungehindert zu gehen? Man fand heraus, dass chronische Schmerzpatienten in belastenden Situationen anders reagieren als Gesunde. Sie fühlen sich häufiger überfordert, sind ängstlicher und verfügen nur über eingeschränkte Möglichkeiten, Probleme zu bewältigen. Ihre Aufmerksamkeit richtet sich nach innen; sie neigen zum Grübeln über unerledigte Aufgaben und aufgeschobene Wünsche. Hier wäre allerdings kritisch anzumerken, dass es doch völlig normal ist, wenn Menschen infolge ihrer Schmerzen ängstlicher geworden sind und anders als Gesunde reagieren ...

Anhaltender Stress schlägt sich auf das Muskelsystem nieder. Die Reflexe, die zum Angriff oder zur Flucht dienen, sind blockiert. Brustkorb, Lenden, Gesäßmuskeln, Schenkelstrecker und Knie sind angespannt, wenn wir starten bzw. angreifen. Beim Stopp trifft es die Gesichtsmuskulatur, den Nacken und die Schultern. Wer in starken emotionalen Momenten nicht vernünftig reagiert, also in Bewegung kommt, sondern still, beherrscht und unbeweglich dasitzt, unterdrückt die Bewegung und blockiert auch die Entspannung. Es kommt zu Irritationen und Störungen im muskulären Ablauf. Die Hand will zupacken, die Füße wollen laufen – aber nichts geschieht. Jetzt spielen auch die Hormone verrückt, die zwar bei Zorn, Angst und Freude ausgeschüttet, aber nicht mehr entsorgt werden, weil die Bewegung ausbleibt.

Rheumatische Erkrankungen

Der Begriff „Rheuma" stammt von dem griechischen „rheo = fließen" und bezeichnet ein Sich-Bewegen der Schmerzen, ein Wandern im Körper. Weit mehr als zehn Millionen Rheumatiker gibt es in der Bundesrepublik. Die Kosten für die Behandlung dieser ältesten Krankheit der Menschheit erreichen mittlerweile Milliardenhöhe. Funde aus allen Perioden altägyptischer Geschichte ließen schwere rheumatische Erkrankungen an den Knochen erkennen; selbst der Cromagnon-Mensch aus der Jungsteinzeit (um 2000 vor Chr.) wies arthritisch veränderte Wirbel auf.

Weil die Krankheit viele unterschiedliche Erscheinungsformen hat, spricht man vom rheumatischen Formenkreis und umfasst damit die Arthritis, Spondylose, Arthrose und den degenerativen Weichteilrheumatismus. Rheuma macht sich durch ziehende Schmerzen in den Gelenken, Sehnen und Muskeln bemerkbar; es kommt zu Versteifungen und Deformationen. Eine eindeutige Ursache ist bis heute nicht gefunden worden.

Da seelische Gründe, die zu einer Verspannung und Versteifung führen können, hierbei nicht gesehen oder vermutet werden, wird eine seelische Behandlung auch nicht versucht. Wenngleich auch vieles auf eine deutliche Abnutzung des fibrösen Knorpelgewebes zurückzuführen ist (also nicht seelischen Ursprungs ist), gibt es doch manchmal eine enge Beziehung zwischen der menschlichen Kommunikation und den Muskeln, was beispielsweise in der Taubstummensprache deutlich zum Ausdruck kommt. Lachen, Weinen, Schmerzunterdrückung und Zornausbrüche zeigen sich in den Gesichtsmuskeln, die dabei angespannt werden. Doch nicht allein das Gesicht ist von affektiven Ausdrücken betroffen, der gesamte Körper. Menschen, die sich den beruflichen Arbeiten nicht gewachsen fühlen, sich aber zum Durchhalten zwingen, zeigen oft eine betont steife Haltung. Manche bekommen Kreuz- und Rückenschmerzen, weil sie „ein Kreuz zu tragen" haben, sich eine psychische Last aufgebürdet haben und nun „den Kopf hochhalten" wollen. Die Folge ist eine permanente Muskelspannung, die zu Schmerzen führt, wenn der Betreffende angstvoll darüber nachgrübelt und dabei die Muskeln weiter verspannt.

Offenbar sind viele Rheumakranke angstvolle Menschen, die eine übertriebene und erstarrte Lebenshaltung aufweisen. Enttäuschung und Ärger vermögen sie nicht mit Worten oder Dickfelligkeit aufzufangen, und so zeigen sie eben eine stramme Haltung, die bis zur „Halsstarrigkeit" gehen kann. Die Aggression, die sie als verboten unterdrücken, manifestiert sich im Körper als Muskelanspannung, gleichsam im Symbol einer „geballten Faust". Arthritische Verkrümmungen sind, so betrachtet, körperliche Äußerungen einer seelischen Vergewaltigung. Deshalb bleibt es bei diesen Patienten nicht allein bei der Muskelverspannung; es kommt zu anderen Begleiterscheinungen wie Kopfschmerzen, Herzbeschwerden und Erschöpfungszuständen. Auffallend bei ihnen sind die großen Hingabebedürfnisse und Abhängigkeitswünsche den Angehörigen und dem Arzt gegenüber. Ihre übertriebene Helferhaltung ist Ausdruck eines gewissen Machtbedürfnisses, mit dem sie die innere Ohnmacht verdecken. Finanzielle Probleme oder Familienstreitigkeiten spielen als auslösende Faktoren eine besondere Rolle.

Natürlich gibt es auch erklärbare, einsichtige organische Mängel, die als Ursache der rheumatischen Erkrankungen gelten. So ist inzwischen bekannt, dass die Betroffenen Schwierigkeiten haben, Eiweiß abzubauen. Das Eiweiß führt bei ihnen zur Übersäuerung des Gewebes, vor allem der Gelenkschleimhäute. Eine entsprechende Diät, besonders basenüberschüssige Ernährung wie Gemüse, Salate, Rohkost und Kartoffeln, kann hier Abhilfe leisten.

Allerdings wird der Kranke ohne Medikamente nicht auskommen können. ACTH-haltige Spritzen (Adreno Corticotropes Hormon, das im Hirnanhang erzeugt wird) haben sich gut bewährt. So gehen die Schmerzen bei schwangeren Frauen zurück, da sie während der Schwangerschaft größere Mengen an ACTH produzieren.

Nimmt man Bezug zur Umgangssprache, so entdeckt man deutliche Hinweise auf mögliche Ursachen, die in der Lebensführung und Persönlichkeitsstruktur liegen. Schmerzen in der Halswirbelsäule verraten unter Umständen eine trotzige Be-haupt-ung, eine halsstarrige Zielstrebigkeit. Nicht das „Kopfhochhalten" im alltäglichen Leben bereitet hierbei die Schmerzen, sondern erst die hartnäckige Sturheit und Steifheit verursachen ein chronisches Krankheitsbild.

In der Brustwirbelsäule setzen sich die unterschiedlichen Stimmungen am tiefsten und spürbarsten nieder. So können Verzweiflung und Depressionen den Menschen zusammensinken lassen; das wird sichtbar in der Krümmung seines Rückens. Wer sich einer Situation nicht „gewachsen" fühlt, beugt sich resignierend und „hält seinen Buckel hin".

Kreuzschmerzen sind auch Ausdruck großer Enttäuschung und finden sich überwiegend bei Frauen. Diese Störungen in der Lendenwirbelsäule sind wohl zu unterscheiden von einem Hexenschuss (Lumbago), der durch eine heftige Bewegung oder durch Heben einer schweren Last plötzlich auftritt. Die Erfahrung, dass Psychopharmaka eher als Antirheumatika die Schmerzen zu lindern vermögen, beweist den großen Anteil seelischer Ursachen bei den rheumatischen Störungen. So manche „aufrechte Person" wird vom Schicksal „gebeugt", aber ebenso ist ein „Mensch ohne Rückgrat" ein „verdrehter Kerl".

Noch nie kam jemand zu mir wegen rheumatischer Beschwerden. Aber oft genug wird das Rheuma als Begleitsymptom zufällig erwähnt, wenngleich auch nicht in seiner Bedeutung erfasst. Eine 56-jährige Frau wollte wegen ihrer Kopfschmerzen und Schlafstörungen behandelt werden. Dass sie rheumatische Schmerzen und Bewegungshemmungen in beiden Armen und Händen hatte, erwähnte sie zunächst nicht. Ich maß dem ebenso wenig Bedeutung bei, bin aber dann doch darauf eingegangen, nachdem ich die Lebensgeschichte der Patientin kannte. Ihre Mutter war eine sehr anspruchsvolle Frau, gegen die die Patientin immer schon Abhängigkeitsgefühle hegte, verbunden mit unterdrückten Aggressionen. Der Vater war zu schwach und vermochte sich nicht gegenüber der autoritären Mutter durchzusetzen. Die Patientin zeigte als Mutter ähnliche Verhaltensformen wie ihre eigene Mutter, unterdrückte jedoch jahrelang heimliche Gefühle der Rebellion. Sie legte sich sozusagen eine „Zwangsjacke" zu und spielte die Beherrschte. Schließlich traten Schmerzen in beiden Armen und Handgelenken auf, die sich verstärkten, sobald ein familiärer Streit „im Anzug" war. Am liebsten hätte sie auf den Tisch geschlagen und mit „handfesten" Mitteln für Ruhe gesorgt, aber die Arme verweigerten den Dienst. So blieb sie eine duldende, beherrschte Person, die mit „geballter Faust" fürsorglich aktiv war und einen sehr liebenswerten Eindruck hinterließ.

Unruhige Beine

Bis zu fünf Prozent leiden hierzulande unter dem Syndrom der unruhigen Beine, auch Restless-Legs-Syndrome (RLS) genannt. Viele verkennen diesen lästigen Bewegungszwang als Beinkrämpfe, manchmal sogar als Parkinson. Untertags ist dieses Leiden nicht so gravierend, aber nachts findet der Betroffene keinen Schlaf, weil seine Beine ständig in Bewegung sind. Er kann es nicht abstellen. Eine seelische Ursache ist bislang nicht gefunden worden. Man darf aber sicher sein, dass es nicht lange dauern wird, bis auch hierbei psychische Faktoren erkannt werden: stetes Getriebensein, gegängelt werden, weglaufen wollen und es doch nicht können. Das kann sich – wie fast alle eingeschliffenen Verhaltens- und Denkweisen – auf den Stoffwechsel auswirken, sodass gewisse, dafür zuständige Hormone streiken. Es trifft nicht zufällig irgendein beliebiges Organ, sondern just jene, die mit dem Verhaltenskonzept zu tun haben: Wem der Schreck in die Glieder fährt, ist wie gelähmt; er wird also lahm, nicht blind. Wer in einer Sache nicht standhaft genug ist, fällt eben um; die Beine knicken weg, nicht die Arme. Und wer endgültig die Nase voll hat, bekommt gewiss kein Bauchweh, sondern Schnupfen.

Mit Dopaminpräparaten (Dopamin ist ein Neurotransmitter, der die Muskeln funktionieren lässt), sportlichen Aktivitäten und einer Vitamin-B- sowie eisenreichen Ernährung kann man wirksam gegen das RLS angehen. Zudem sind Fußbäder und Verzicht auf Nikotin angesagt.

Hals-Nacken-Schulter-Verspannungen

Patienten mit HNS-Beschwerden sind häufig; man schätzt 20% aller Patienten. Dabei ist im Röntgenbild nicht immer etwas zu sehen. Es handelt sich um eine psychogene Erkrankung, wenn man von berufsbedingten Schäden absieht. Wer stets seinen Buckel hinhält, seinen Kopf oben behalten möchte, hartnäckig oder halsstarrig ist, sich nicht beugen will und sich immer wieder be-haupt-en möchte, wird bald muskuläre Funktionsstörungen oder Wirbelsäulensyndrome erleiden.

Das weibliche Geschlecht ist mehr betroffen als das männliche. Heute fällt auf, dass junge Menschen weit eher befallen werden als ältere, was wohl auf zunehmenden Leistungsdruck zurückzuführen ist, vielleicht auch auf mangelnde sportliche Aktivität und schlechte Körperhaltung.

In meiner Praxis werden solche Erkrankungen eher als Begleitsymptom genannt. Eine Frau leidet seit Jahren darunter und wird immer noch von Klinik zu Klinik geschickt, obgleich keine organischen Befunde vorliegen. Sie hat als Kind lernen müssen, sich „senkrecht zu halten" und für ihre Geschwister den „Buckel hinzuhalten". Da sie die Älteste war, musste sie nach dem Tod der Mutter schon früh darauf verzichten, eigenen Plänen nachzugehen. Die zuerst diagnostizierten Bandscheibenschäden waren eine Fehldiagnose ihres Hausarztes. Dass ihr das Wasser „bis zum Hals stand", merkte nicht einmal sie selbst.

Schließlich war sie den Anforderungen nicht mehr gewachsen und entwickelte einen Rundrücken: Sie beugte sich unter der Last, war niedergedrückt und entmutigt. Der Konflikt zwischen Hergeben und Festhalten, Hingabe und Abwehr war für sie nicht lösbar.

Manche Rückenschmerzen und Schulterverspannungen haben symbolischen Charakter: Hier können wirkliche oder vermeintliche Verfehlungen zugrunde liegen, die sich durch Kreuzschmerzen manifestieren. Bei Männern sind sie bisweilen unterbewusste Hinweise auf berufliches oder sexuelles Versagen.

Entspannungsübungen oder Gymnastik allein helfen nicht. Hier muss neben den üblichen physikalischen Maßnahmen die Erlebensweise des Patienten hinterfragt werden. Eine analytische Gesprächspsychotherapie, auch die Logotherapie nach Viktor Frankl, ist zu empfehlen.

Zappelphilipp und Hypermotorik (HKS)

Das Hyperkinetische Syndrom wird meist erst in der Schule entdeckt, wenn an das Kind höhere Anforderungen in Bezug auf Disziplin und Leistung gestellt werden. Solche unruhigen Kinder sind stets zu laut, zu heftig, zu frech und zu aktiv. Die ständigen Mahnungen zur Ruhe und zum Stillhalten nerven beide Seiten. Es kommt zum Teufelskreis von Versagen, Resignation und mangelndem Selbstwertgefühl. Dabei sind diese hypermotorischen Kinder sensibel, einsatzfreudig und guten Willens, aber überfordert.

Hier liegen neben möglichen familiären Problemen hauptsächlich genetische, hormonelle und cerebral bedingte Fehlsteuerungen vor. So lösen beispielsweise bestimmte zuckerhaltige Nahrungsmittel hyperaktives Verhalten aus; auch kann eine Hörstörung vorliegen, die nicht organischer Art ist, sondern eine Störung der Reizverarbeitung darstellt: Das Kind reagiert auf hohe Lautstärken überempfindlich und reagiert diese Überflutung durch Motorik ab.

Appelle an seinen guten Willen führen eher zum Gegenteil. Bewegungstherapie, Sport, Reiten, Musik helfen gut; nicht helfen Beruhigungsmittel oder Strafmaßnahmen.

STÖRUNGEN VERSCHIEDENER ART

Die folgenden Krankheiten lassen sich nicht auf einen gemeinsamen Nenner bringen. Auch sind sie oft ohne jeglichen organischen Befund, was die betreffenden Patienten meist beunruhigt, da ihnen eine handfeste, objektiv sichtbare Krankheitsursache lieber ist als ein seelischer, nicht eindeutig greifbarer und angreifbarer Störungsfaktor. Ausnahmen bilden hierbei die Krebsgeschwulste und Hauterkrankungen; aber auch diese Krankheiten haben vielfach einen seelischen Grund, der in einer erfolgreichen Therapie nie übergangen werden darf.

Behandlung der Symptomatik allein, etwa Einnahme von Medikamenten gegen nervöse Herzbeschwerden, ist unsinnig, da sie die Ursachen der Beschwerden, wie blockierte Partnerbeziehung, Hingabestörung, Sozialängste, Leistungszwang, nicht aufarbeitet. So ist auch die weitgehend erfolglose Behandlung der zunehmenden Depressionen mit Psychopharmaka erklärlich, da die entscheidenden, verdrängten Psychofaktoren und Erlebnisse nicht berücksichtigt und die Lebenssituation nicht verändert werden. Krankheit ist Mangel. Hier liegt immer ein Mangel an seelischen Selbstheilungsmaßnahmen vor, auch ein Defizit an Durchsetzungsvermögen, Selbstbehauptung, Konfliktwiderstand und Leidensfähigkeit. Der Lebensmut wider alle Widerwärtigkeiten des Lebens fehlt. Die Ursachen sind meist falsche Erziehung, selbstzerstörerisches Konsumverhalten, angepasstes Leistungsdenken sowie ein Mangel an Selbstvertrauen und religiöser Hingabe. Der Anteil altersbedingter und vererbter Störfaktoren ist geringer als angenommen, was den Mut zum Leben und zur Korrektur falscher Lebensweisen neu aufleben lassen sollte.

In Psalm 38 beschreibt der Verfasser verschiedene Symptome, die sich einstellten, nachdem er eine schwere Schuld begangen und verdrängt hatte: Rückenschmerzen, Fieber, Augenprobleme, depressive Stimmung, Rheuma, Herzflattern und Hautausschläge. Hier handelt es sich um eine einmalige alttestamentliche Bündelung von spirito-psycho-somatischen Störungen, die erst nach Schuldbekenntnis und Reue geheilt werden konnten. Wir müssen uns heute fragen, inwieweit diese Erkenntnis wieder in die Schulmedizin eingebracht werden muss: Heilung durch Versöhnung und Umkehr.

Schlafstörungen
Viele der bisher beschriebenen psychosomatischen Erkrankungen gehen mit Schlafstörungen einher, seien es Ein-

schlaf- oder Durchschlafstörungen. Der Schlaf ist ein passiver Vorgang, der nicht mit Gewalt oder heimlicher Erwartungshaltung herbeigeführt werden kann. Wer mit ängstlichen Gedanken zu Bett geht, er könne vielleicht wieder nicht einschlafen, wird gewiss kaum einschlafen, weil seine geheime Befürchtung wahr wird. Versteckte Schuldgefühle, finanzielle, eheliche und berufliche Sorgen können am Schlaf hindern, vor allem aber diffuse Lebensängste und Hingabestörungen. Aufgesparte Aggressionen und phantasierte Racheakte sind ebenfalls häufige Hemmnisse für einen gesunden Schlaf. Seltener sind es Dosierungsmängel bei Vollnarkosen, die aufgrund der Zerstörung von Zellen im Schlafzentrum zu chronischen Schlafstörungen führen.

Oft greift der Betroffene zu Schlafmitteln und fällt in einen chemischen, meist traumlosen Schlaf, der ihn anderntags keineswegs munter und fit aufwachen lässt. Da die chemischen Substanzen die Traumfähigkeit rauben oder reduzieren, wird der Organismus einer sehr wesentlichen Konfliktverarbeitung, die ja im Traum geschieht, beraubt. Morgens greift er dann zu Weckaminen und Muntermachern, die ihn den Tag in einem Zustand dösiger Wachheit erleben lassen. Wir sehen, dass diese Konsumhaltung die Schlafstörung nicht behebt, eher automatisiert und verschlimmert.

In der Tat ist es so, dass sich der Körper die nötige Menge an Schlaf nimmt. Selbst wenn der Betreffende am anderen Morgen von einer schlaflosen Nacht spricht, hat er in der Regel mindestens 2–3 Stunden geschlafen.

In meiner Praxis erlebe ich das sehr oft. Eine 60-jährige Dame behauptete stocksteif, sie könne nachts nicht schlafen, liege ständig unruhig im Bett und döse höchstens vor sich hin. Trotz der Medikamente, die sie seit 15 (!) Jahren nähme, hätte sich kaum etwas geändert. Ich wies sie darauf hin, dass sie nach so langer Erfolglosigkeit die Tabletten reduzieren solle, dass sie außerdem genügend Schlaf habe für ihr Alter und ohne Rücksicht auf den Schlaf zu Bett gehen solle. Das aber beruhigte sie keineswegs. Immer wieder jammerte sie über ihre schlaflosen Nächte und erfand allerlei mögliche Ursachen für ihre Krankheit. Schließlich bat ich ihre Verwandten, einmal zu kontrollieren, ob sie des Nachts immer wach bliebe. Das Ergebnis entsprach meinen Erwartungen: Obgleich sie vier Stunden schlief, beklagte sie sich anderntags darüber, dass sie kein Auge zugemacht habe.

Nachdem sie die Tabletten stark reduziert hatte, gab ich ihr ein Placebo-Präparat, eine „Gefälligkeitstablette", die ohne jegliche chemische Wirkung ist, mit der Bemerkung, dies sei ein besonderes Mittel, das schon nach wenigen Minuten den Schlaf herbeiführe. Diese „Lüge im Dienst der Therapie" erreichte denn auch prompt ihr Ziel. Nach weiteren Einnahmen des Placebos konnte ihr Problem gelöst werden; inzwischen ist sie frei von den Medikamenten und schläft unverändert wenig. Ihre angstvolle Einstellung ist verschwunden und hindert sie nicht mehr daran, halbschlafend vor sich hinzudösen.

Ältere Menschen können Schlafmangel besser ausgleichen. Untersuchungen an der Universität Pittsburgh ergaben, dass ältere Leute trotz Schlafmangels eine bessere Konzentration aufwiesen als Menschen um die zwanzig, die zu wenig geschlafen hatten.

In den meisten Fällen reicht das Autogene Training aus, das mit der Schwereformel: „Arme und Beine ganz schwer. Schlaf gleichgültig. Ich bin müde und falle tief in einen angenehmen Schlaf", innerhalb weniger Tage zum Schlaf führt. Manche benutzen eine Tonbandkassette, andere trinken kurz vorher noch eine Flasche Bier, wieder andere schwören auf Fußbäder oder dreißig Kniebeugen.

Menschen, die nicht schlafen können, leiden unter der Unfähigkeit abzuschalten. Sie kauen Bagatellfälle durch, grübeln über lächerliche Vorkommnisse des vergangenen

Tages nach, steigern sich dann in eine übertriebene Angst hinein, zu wenig schlafen zu können und dann anderntags zu versagen. Oft liegt ein Liebes-, Kommunikations- oder Sinnverlust vor, den sie meist unbewusst verspüren, ohne ihn klar ausdrücken zu können. Die Stille der Nacht lässt die verdrängten Probleme aufkommen, die sich auch nicht mit Tabletten unterkriegen lassen.

Am besten hat sich, wie bereits erwähnt, das Autogene Training bewährt. Für verkrampfte, ängstliche Menschen ist die Muskelentspannung angezeigt. Mitunter kann die paradoxe Methode helfen, vor allem bei zwanghaften, pedantischen Patienten. Banaler, doch nicht minder hilfreich, ist für Blutniederdruckpatienten eine Tasse Kaffee am Abend oder ein Glas Sekt, weil dies den Druck anhebt und somit das Gehirn mit Sauerstoff versorgt, was zum Schlaf erforderlich ist. Nach Absetzen von Medikamenten kommt eine „Durststrecke" von ca. acht Tagen, die durchgehalten werden muss, weil sich dann der normale Rhythmus wieder einstellt. Der Schlaf kommt, wenn er möglichst ohne Angst und willentliche Anstrengung erwartet, also vergessen wird. Die Zimmertemperatur sollte zwischen 12 und 15 Grad liegen, das Schlafzimmer sollte farblich warm gestaltet sein, das Fernsehgerät hat hier nichts zu suchen. Eine vernünftige Tagesgestaltung, die am Abend das Gefühl von Zufriedenheit auslöst, ist das beste Medikament.

Die moderne Gesellschaft weist durchschnittlich zwei Stunden weniger Schlafzeit auf als die Gesellschaft vor 40 Jahren. Das ist nicht unerheblich für die Konsequenzen: Schlafmangel kann auf Dauer zu Diabetes, Übergewicht, Bluthochdruck und Gedächtnisverlust führen. Der Mensch altert schneller. Ich persönlich halte es für einen bedenklichen Fehler, wenn in Krankenhäusern die Patienten bereits gegen sechs Uhr geweckt werden; denn viele haben ohnehin keinen guten Schlaf und könnten ihn gerade morgens noch gut gebrauchen.

Vegetative Dystonie

Wenn dem Arzt keine eindeutigen, organischen Befunde vorliegen, sondern nur allgemeine Störungen des Befindens mit vielfältigen körperlichen Symptomen wie Schlafstörungen, Kopfschmerzen mit Schwindelgefühlen, Kreislaufbeschwerden, starkes Herzklopfen u.a., dann schreibt er auf den Krankenschein „vegetative Dystonie", was so viel wie „unregelmäßige Funktion des Nervensystems" heißt. Damit ist alles und doch nichts ausgesagt.

Etwa ein Drittel der Patienten leidet unter dieser Störung, die auch vegetative Labilität, vegetative Ataxie oder Vegetatose heißen könnte.

Solche allgemeinen Beschwerden sind seelisch verursacht, wobei die Ursachen vielschichtig, übergreifend, nie eindeutig sind. Oft sind sie auch Begleiterscheinungen von Infektionskrankheiten, klimakteriellen Störungen, Allergien und Gemütskrankheiten.

Furcht verändert körperliche Vorgänge. Das Herz klopft stärker, die Schweißdrüsen arbeiten intensiver, Hormone werden produziert. Diese Reaktion ist normal. Bleibt aber der Angstzustand chronisch und über Jahre unbewusst bestehen, so bleibt auch die körperliche Reaktion bestehen. Es kommt dann zu einer bleibenden Störung der Funktion des autonomen Nervensystems, also des vegetativen Systems, das die selbstständige Muskulatur der Eingeweide, die Sinnesorgane, die Drüsen, Blutgefäße und Geschlechtsorgane umfasst. Schließlich weiß der betreffende Patient selbst nicht mehr, warum er jene Störungen hat, und schluckt allerlei Mittel dagegen, obgleich die seelischen Ursachen unerkannt und verdrängt weiter bestehen.

So ist der körperliche Zustand eine permanente Alarmreaktion, die aber keine Konfliktlösung bewirkt. Der Mensch ist bereit zu einer Verteidigung oder Flucht, die nie stattfindet. Er ähnelt hier dem Patienten mit Bluthochdruck.

Die analytisch orientierte Denkauffassung, der ich mich anschließe, nimmt an, dass die Funktion des Organismus' gestört wird, wenn der Sinn des Lebens verloren geht. Der Betroffene leidet also an einem „existentiellen Vakuum", an einer Sinnleere, die als Folge jegliche sinnvolle Koordination und Funktion des Körpers verlieren lässt. Revoltiert die Seele, leidet auch der Körper. Revoltiert der Körper, erhöht sich das Leiden der Seele.

Patienten mit vegetativer Dystonie sind eher bereit, auch einmal den Gang zum Psychologen zu machen, da ihnen der Zusammenhang zwischen ihren Beschwerden und etwaigen seelischen Ursachen irgendwie einleuchtet. Nach jahrelangem Aufsuchen verschiedener Ärzte erhoffen sie sich nun Aufklärung und Hilfe vom psychologischen Therapeuten. Mit wenig Fragen und viel Zuhören erkennt dieser dann hoffentlich die Isolierung der Patienten vom mitmenschlichen Bereich als Hauptursache ihres Leidens. Anerkennungsbedürftigkeit und berufliche Überforderung gehen Hand in Hand; häufig versuchen sie, ihr Verlangen nach Anerkennung durch großen Ehrgeiz und Arbeitsaufwand auszugleichen. Kindererziehung da, Haushalt dort, Beruf hier, Hausbau dort stellen eine Überforderung dar, die nicht genügend anerkannt und auch finanziell gewürdigt wird. In dieser Tretmühle verharren die Patienten hilflos, bis eine Depression die Angehörigen alarmiert, die bis dahin das vielschichtige Unbehagen nicht beachtet, bagatellisiert oder falsch gedeutet haben.

Die Redewendung vom Körper, „der das nicht mehr mitmacht", weist auf den Protest des Körpers gegen diesen seelischen Mangelzustand hin. In der Tat erweist sich der Körper als Gefängnis der Seele, wie schon Platon richtig bemerkt hat.

Mitunter scheint es auch so, dass manche Patienten ihre Beschwerden nutzen, um die Rücksichtnahme und das Mitleid der Familie zu erzwingen. So schlagen sie wenigstens noch einen Gewinn aus ihrer Krankheit und erreichen auf Umwegen eine gewisse Anerkennung und Zuwendung. Die Therapie wird dadurch aber erschwert, weil der Krankheitsgewinn das Konfliktbewusstsein noch mehr verdrängt.

Das Gespräch soll im Vordergrund stehen – mit dem Ziel, Konflikte bewusst zu machen. Vor allem muss klar sein, dass die Beschwerden bei der vegetativen Dystonie meist harmloser Natur sind und nach entsprechend veränderter Lebenseinstellung verschwinden oder zurückgehen.

Das Autogene Training vermag die erforderliche Gelassenheit dem Alltag gegenüber zu vermitteln. Die verständnisvolle und zuhörende Aktivität des Therapeuten wird das Selbstvertrauen des Patienten stabilisieren.

Herzneurose

Herr N., 35 Jahre alt, leidet seit zwei Jahren an Versagensängsten. Er ist im pharmazeutischen Außendienst tätig und muss öfter für ein paar Tage von zu Hause fortbleiben, was ihm schon manchen Ärger mit seiner Familie einbrachte. Seine Angst wird vor allem dadurch verstärkt, dass seine Frau ihm vorwirft, unfähig zu sein, auf den Chef einzuwirken und sich für einen Posten im Labor einzusetzen. In letzter Zeit verspürt er immer stärker Herzklopfen, Schweißausbrüche, Schwindel und Stechen in der Brust. Angst überfällt ihn, die sich neuerdings in voll besetzten Bussen, auch im Flugzeug und an gut besuchten Plätzen einstellt. Jedes Mal kontrolliert er nervös seinen Herzschlag und greift zu „seinen" Pillen. Überängstlich richtet er sein Leben streng nach medizinischen Gesichtspunkten aus: Diät, Sport, Wechselbäder, Autogenes Training, Nikotinverbot sowie eifriges Studieren entsprechender Literatur.

Wohl zigmal hat er Ärzte aufgesucht, die nichts Organisches feststellen konnten, das EKG ist normal. Herr N. weist keine ersichtlichen Krankheitsursachen auf; dennoch ist er nicht zu beruhigen, weil ihn die Symptome verängstigen. Seine übertriebene Selbstbeobachtung, Hypochondrie genannt, verstärkt nur noch mehr sein Problem. Die Diagnose lautet: Herzneurose.

Auffallend bei Patienten wie Herrn N. ist die übertriebene Angst vor dem Herzstillstand und dem Partnerverlust. Mitunter studieren sie die Todesanzeigen genau, um eine Bestätigung für ihre Ängste zu finden, jede kleine Erkrankung, jeder unbedeutende Schmerz wird als Vorbote des Todes gedeutet. Am Ende stellen sich noch Depressionen ein, was nicht verwunderlich ist angesichts dieser lebensfeindlichen Einstellung.

Zwischen dem 20. und 40. Lebensjahr trifft man diese neurotische Erscheinung, die auch „neurozirkulatorische Asthenie", „vasomotorische Neurose", „vegetative Dystonie" oder „funktionelles kardiovasculäres Syndrom" genannt wird. Sie findet sich vorwiegend bei Männern, die gleichzeitig unter innerer Unruhe, allgemeiner Ängstlichkeit, Magen-Darm-Beschwerden oder Kopfschmerzen leiden. Die Bemerkung des Arztes, sie seien völlig gesund, beruhigt sie keineswegs. Wenn dann der Arzt aus psychologischen Gründen doch harmlose Pillen verschreibt, fühlen sie sich in ihrer Vermutung bestätigt: Die Ängste steigern sich noch.

Was steckt nun hinter dieser merkwürdigen, weit verbreiteten Krankheit, die auch als eingebildete oder befürchtete ernst zu nehmen ist?

Auffallend bei diesen Menschen ist ihr großes Anklammerungsbedürfnis an Verwandte und Bezugspersonen. Die Mutter von Herrn N. nahm ihren Sohn in Besitz mit einer überfürsorglichen Liebe, hinter der sich eine tiefe Angst verbarg.

Dass gerade das Herz betroffen ist, hat seinen guten Grund. Da die Beziehung zur Mutter und später zu allem, was mütterlichen, schützenden, herzlichen Charakter hat, gestört ist, schlägt sich dies – symbolisch gewissermaßen –

am Herz nieder. Das Herz ist Sitz der Liebe, des Gemüts. Sind frühkindliche affektive Beziehungen gestört, empfindet dies der Betreffende später am Herz. „Es blutet", sagen wir, oder auch: „Er nimmt es sich zu Herzen."

Dieser Kontakthunger bei gleichzeitiger Angst, Bezugspersonen zu verlieren oder von ihnen abgelehnt zu werden, charakterisiert den Herzneurotiker. Seine Sorge um seine Herzfunktion beinhaltet sozusagen einen Appell an die Umwelt, sich ihm mehr zuzuwenden. Hier liegt ein zwiespältiger Wunsch verborgen: Einerseits fürchtet er sich vor dem Infarkt, andererseits sehnt er sich danach, weil er damit die Aufmerksamkeit seiner Umwelt auf sich lenken kann. Nicht selten heiraten solche Männer Frauen, die eher Mutterersatz sind als ebenbürtige Partner.

Die wirksamste Hilfe besteht darin, jene Symptome wie Herzklopfen, Atemnot, Angst usw. ganz bewusst zu provozieren. Außerdem soll der Betreffende nach Ablenkung suchen bzw. sich der Tätigkeit, die er gerade ausübt, intensiv zuwenden. Das Autogene Training ist hier nur bedingt anwendbar, wobei die Herzformel („das Herz schlägt ruhig und regelmäßig") besser weggelassen wird, da sie die Aufmerksamkeit erst recht auf das Herz richten würde. Eventuell ist die neutrale Formel: „Puls schlägt ruhig und regelmäßig in den Fingerspitzen", hilfreicher. Herr N. hat jedenfalls mit der Kombination von paradoxer Methode und Autogenem Training gute Erfolge erzielt.

Da Herzphobiker ein übertriebenes Kontrollbedürfnis zeigen, das sich im zwanghaften Beachten ärztlicher Vorschriften, im genauen Befolgen der „Waschzettel"-Anweisungen und im nervösen Selbstbeobachten äußert, ist es gut, die Problematik zu bagatellisieren. Sportliche Betätigung zur Abreaktion aggressiver Empfindungen und vor allem der Hinweis, dass die empfundenen Körpergefühle (Herzstechen, Atemnot ...) kaum in ein organisches Herzleiden übergehen können, sind weitere Hilfen. Ein Gespräch ist auch mit der Ehefrau zu führen, die über die Hintergründe der „Krankheit" zu informieren ist und so besser dem Patienten ihre Zuwendung entgegenbringen kann.

Was die sexuelle Aktivität betrifft, so kann der Patient ungetrübt und schadlos den Geschlechtsverkehr ausführen.

Der *Herzinfarkt* ist neben dem Krebs eine der häufigsten Todesursachen in unserer westlichen Welt. War früher der Herztod bei Managern und bei der Oberschichtbevölkerung verbreitet, so ist er inzwischen eher typisch bei der sozialen Unterschicht. Der fehlende Rückhalt und die mangelnde psychische Unterstützung im sozialen Gefüge sind hierbei zu bemerken. Die Unterscheidung zwischen A- und B-Typen ist längst nicht mehr gültig. Hatte man bislang den ungeduldigen, ehrgeizigen und aggressiven Typ (A) für gefährdet gehalten, so finden sich jetzt auch bei den ruhigen, langsamen Typen (B) bedenkliche Herzanfälle. Nicht der Workaholiker ist gefährdet, sondern jeder, der Ärger mit dem Ärger hat. Dieser stets hochgekochte Ärger ist schlimmer als Rauchen oder Bluthochdruck. Weder der Tobsüchtige noch der In-sich-Hineinfressende sind im Vorteil; nur wer den Ärger artikuliert, wer eine faire Lösung sachlich anstrebt und sich ablenken kann, lebt gesund. Es ist also geraten, sich nichts zu sehr zu Herzen zu nehmen, sondern das Herz auf der Zunge zu haben und die Dinge auszusprechen.

Blockaden der Blase

Wer hat nicht schon einmal Situationen erlebt, in denen er aufgrund innerer Anspannungen und Ängste mehrmals zur Blasenentleerung gezwungen wurde? Und wer kennt nicht von sich oder anderen die momentane Unfähigkeit, in Anwesenheit anderer oder auf Anhieb im ärztlichen Untersuchungszimmer zu urinieren? Hier wird deutlich, wie sehr gerade die Blasenfunktion von der seelischen Verfassung abhängt. Wer beispielsweise mittels einer verbalen Suggestion oder eines laufenden Wassers zum Urinieren angeregt wurde, weiß um das starke Zusammenspiel von Einbildung, also seelischem Moment, und körperlicher Reaktion.

Die sehr häufige Entleerung der Blase, Pollakisurie genannt, hat gewiss psychische Gründe, wenn man von einer Harnblasenentzündung (Cystitis) absieht. So ist es möglich, dass der Betroffene in ständiger Hast lebt und nicht zeitig fertig zu werden glaubt. Oder er befindet sich in einer besonders exponierten Situation, etwa im Theater, bei einem Bankett, auf einem Ball, wo ihn die Erwartungsangst („Hoffentlich muss ich jetzt nicht schon wieder!") zum diskreten Verschwinden zwingt. Dabei kommt es manchmal nur zu geringer Harnentleerung, weil sich die Blase verkrampft. Mitunter spürt der Betreffende leichtes Brennen.

Bei Männern über 50 muss auch an eine Prostatavergrößerung gedacht werden. Die Prostata drückt auf die Blase und kann zu häufigem Wasserlassen gerade auch nachts führen. Regelmäßige Untersuchungen sind daher wichtig.

Kleine Jungen wetteifern manchmal darum, wer die weiteste Strecke im höchsten Bogen pinkeln kann. Insofern ist die Unfähigkeit der normalen Blasenentleerung Ausdruck einer leistungsgestörten, versagungsängstlichen Seele. Mitunter zeigen sich beim Patienten gleichzeitig noch andere Störungen, z.B. Impotenz: vorzeitiger Samenerguss (Ejaculatio praecox) oder mangelnde Gliedversteifung (Impotentia erectionis); auch Stottern, Kopfschmerzen und Schlafstörungen sind gelegentlich Begleiterscheinungen. Sie weisen alle auf die Unfähigkeit hin, sich gehen zu lassen. Passives Geschehenlassen fehlt bei diesen Menschen.

Die Tiefenpsychologie geht sogar so weit, den Harn mit den Tränen in Beziehung zu bringen: So kann sich bei einem Menschen, der seine Tränen trotzig zurückhält, ein vermehrter Harndrang einstellen.

Da die meisten Erwachsenen Blasenfunktionsstörungen selten als psychogene Krankheiten deuten, denken sie auch nicht an den Gang zum Psychologen. Sie nehmen Medikamente ein und steigern sich allmählich in eine ängstliche Unruhe und nervöse Kontrolle, wenn nach Absetzen der Medikamente keine Besserung eintritt.

Hingegen sind sie bereit, das chronische Bettnässen bei Kindern als seelische Störung zu betrachten. Diese Enuresis ist Folge einer gestörten Mutter-Kind-Beziehung. Entweder sind die Mütter solcher Bettnässer stark überlastet und gereizt oder sie bevorzugen die anderen Geschwister. Jedenfalls ist die Erziehung auffallend kontrastreich: Zuckerrohr und Peitsche, hier Vernachlässigung, dort Dressur. Bettnässer sind aktive, nervöse Kinder, überforderte, vernachlässigte, verwöhnte und bestrafte Patienten zugleich.

So sollte das Zubettgehen niemals als Strafmittel eingesetzt werden. Das Bett ist ein Ort der Entspannung, der Belohnung für getane Arbeit; wer hier gezwungen wird zum Schlaf, wird verunsichert, gereizt und setzt alle Mittel ein, um dieses Im-Bett-liegen-Müssen zu verhindern.

Für Erwachsene wie für Kinder ist Entspannungstherapie die richtige Hilfe. Sie führt zu Gelassenheit, größerer Selbstsicherheit und zur Entkrampfung der Organe. Oft hilft auch irgendeine Form der aktiven oder gedanklichen Ablenkung, die eine Erwartungsangst erst gar nicht aufkommen lässt. Tiefer liegende Gründe wie Leistungsangst und gestörte Partnerbeziehung (etwa Ekel vor dem Sexualakt mit dem Partner) müssen in einem Gespräch aufgedeckt und dann verhaltenstherapeutisch behandelt werden.

Sexualstörungen

Etwa 80% der Sexualstörungen haben seelische Ursachen und sind mit rein medikamentösen Methoden nicht zu beheben; es sei denn indirekt durch die Erwartungshaltung, die der Betroffene in die Medikamentierung setzt. Unter Sexualstörung sind alle Impotenzformen zu verstehen, so: vorzeitiger Samenerguss (Ejaculatio praecox), mangelnde oder fehlende Gliedversteifung (Impotentia erectionis), Vaginalkrämpfe (Vaginismus) und Ausbleiben des Orgasmus' (Anorgasmie).

Nicht gemeint sind die Sexualabnormitäten im Sinn von Perversionen, weil hier keine körperliche Funktionsstörung vorliegt, sondern eine seelische Fehlentwicklung, bei der die Triebrichtung (Sex mit Tieren oder Leichen) oder die Sexualpraxis (Sadismus, Masochismus) aus dem normalen Rahmen fällt. Man spricht dann von Perversionen (=Verdrehungen), wenn ihre Praxis oder Richtung widernatürlich ist. Ohne bestimmte Techniken und mitunter komplizierte Bedingungen ist eine sexuelle Befriedigung nicht möglich. Eine Heilung ist äußerst schwierig, meistens erfolglos, weil die Betroffenen gar nicht leiden, jedenfalls nicht unter ihrer Veranlagung, eher unter den gesellschaftlichen Reaktionen.

Transsexualität und Zwittertum sind sozusagen Irrtümer der Natur und durch chirurgische Eingriffe zumindest äußerlich zu beheben. Homo- und Bisexualität zählen sicher nicht zu den Perversionen; sie nehmen eine Sonderstellung ein, deren Ursache bis heute nicht ganz geklärt ist. Starke Mutterbindung, Eigenheiten in der psychosexuellen Entwicklung, hormonelle Steuerung, Verführung und andere Faktoren werden als Gründe vermutet. Wer aber nicht homosexuell ist, wird es auch nicht durch Verführung. Inzwischen glauben amerikanische Forscher herausgefunden zu haben, dass das Chromosom 28p homosexuell macht. Das mag auf einige zutreffen. Es bleibt die Annahme, dass auch frühkindliche Erlebnisse Ursache sein können. Hier kann eine Psychotherapie in der Regel nur wenig ändern. Medikamentöse Behandlungen beeinflussen höchstens die Triebstärke, nicht aber die Triebrichtung. Elektroschocks und stereotaktische Operationen (Gehirneingriffe mit Zerstörung des betreffenden Sexualzentrums) sind unsinnig und nicht ungefährlich.

Wenn vom Betroffenen gewünscht, ist es möglich, Homosexualität durch intensive Gottesbeziehung und religiöse Umkehr „stillzulegen". Er bleibt jedoch weiterhin verführbar und sollte einschlägige Lokale, Zeitschriften und Treffs meiden.

Es gibt ja nicht wenige, die unter dieser Veranlagung leiden. Man schätzt 4–7% der Bevölkerung. Die oft zu hörende Bemerkung, nicht gelebte Sexualität mache krank bzw. neurotisch, ist unbewiesen. Es kommt darauf an, welcher Art die Abwehr ist: Handelt es sich um eine angstbesetzte Verdrängung oder um ein ständiges willentliches Ankämpfen, wird der Mensch seelischen Schaden erleiden. Ist es eine Form von spirituell geprägter Sublimierung oder Verzichtsleistung, kann die Askese durchaus gelingen, ja sogar positive Kräfte freisetzen. Das Problem gerade in sexuellen Bereichen beruht meist auf einer falschen, pseudoliberalen Aufklärung einerseits und einer religiös gefärbten Angstmacherei andererseits. Mit Chemie ist einer Sexualneurose, die im Fall von Homosexualität gar keine ist, nicht beizukommen.

Kehren wir zum eigentlichen Thema zurück. Zu den eingangs erwähnten Sexualstörungen ist zunächst allgemein zu sagen, dass die gesellschaftlichen Bedingungen mitschuldig sind an ihrer Entstehung. So spielt bei der Impotenz häufig eine unterschwellige Leistungsangst eine Rolle, die zum Versagen führt, sobald der Betreffende eine sexuelle Leistung erzwingt oder zu versagen glaubt. Die zunehmende Konsumhaltung einerseits, die auf Passivität und Hingabe zielt, das Leistungsdenken andererseits, das Aktivität und Produktivität meint, führen zu einem seelischen Druck, der bei sensiblen Menschen eine sexuelle Blockade auslösen kann. Schon die Angst, dem Partner zeigen zu müssen, was man alles kann und dass man besser ist als andere oder mindestens ebenso gut, provoziert Impotenz.

Eine befriedigende sexuelle Beziehung ist nur möglich, wenn beide Partner entspannt sowie frei von Leistungszwang und Ängsten sind. Erst die harmonische, liebende Bindung befähigt zu einem ehrlichen Intimverkehr.

Was aber ist zu tun im Fall einer Störung? Zunächst einmal müssen die möglichen Ursachen erforscht werden: Ist überhaupt noch ein Funke Liebe vorhanden? Wird Sex als Kitt für eine Ehe missverstanden? Sind beide richtig aufgeklärt? Viele wissen nicht, dass die sexuelle Erregung bei der Frau langsamer ansteigt und abklingt als beim Mann. Eine Ruck-zuck-Methode ist unsensibel und führt bei der Frau zu Verkrampfungen und Abwehrhaltungen. Ist der intime Verkehr das Resultat echter Partnerbindung oder eher ein taktisches Spiel zur Erreichung bestimmter Wünsche, zur Verdrängung notwendiger Auseinandersetzung oder gar eine ehelich verbrämte Vergewaltigung? Liegen Schuld- und Ekelgefühle vor? Gibt es Schockerlebnisse aus der Kindheit, frühere verletzende Intimerfahrungen?

Manchmal liegen auch nur organische Störungen vor. Nicht selten sind Stressfaktoren wie Überarbeitung, Schlafmangel, Nervosität oder unverarbeitete Konfliktsituationen Ursachen sexueller Probleme. Es ist geraten, in einer Eheberatungsstelle oder bei einem Psychotherapeuten vorzusprechen und den Dingen auf den Grund zu gehen.

An dieser Stelle möchte ich erwähnen, dass sich immer wieder Patienten über die mangelnde Bereitschaft von Therapeuten beklagen, auf die spirituelle Dimension einzugehen. Viele psychosomatische Störungen sind mitbedingt durch ein falsches, bedrohliches Gottesbild, durch Leistungsfrömmigkeit oder Verdammungsangst. Wenn der Kern der Psyche nicht angebohrt wird, kann es keine Kern-Gesundheit geben. Dieser Kern beinhaltet das Verhältnis zu sich selbst und zu Gott. Wer nicht zur Versöhnung bereit ist, kann nicht geheilt werden. Im Übrigen sei darauf hingewiesen, dass der Begriff „therapeuo" bekanntermaßen für „heilen", aber auch „anbeten" steht. Diese Dimension ist für eine ganzheitliche Therapie sehr wesentlich. Ohne sie bleibt die Therapie im Vordergründigen stecken. Es verwundert nicht, dass der Run auf die religiösen Heiler zunimmt. Wie viele Scharlatane und pseudoreligiöse Gurus sich da gütlich tun, lässt sich nur erahnen.

Vaginalkrämpfe und andere Muskelverspannungen sind am besten mit der progressiven Relaxation zu beheben.

Eine Möglichkeit, fehlende oder mangelhafte Erektion zu behandeln, ist die allmähliche Hinführung zum Coitus, „sensitive Fokussierung" genannt. Wie beide Partner dabei vorgehen müssen, erklärt ihnen der Sexualtherapeut.

Bei vorzeitigem Samenerguss (Ejaculatio praecox) muss der Mann lernen, die Ejakulation zurückzuhalten und durch Wiederholung der Übung die Erektion möglichst lange zu halten, bis er in der Lage ist, die Erektion ca. 15 Minuten ohne eine Ejakulation aufrechtzuerhalten.

Immer wieder zeigt sich, dass die intime Begegnung unter einem Mangel an Einfühlungsvermögen und Zärtlichkeit leidet, meist auf Seiten des männlichen Partners. Schuld sind unzureichende Aufklärung und mangelnde biologische Kenntnis. Eine einseitig betonte Sexualpraxis und Überbewertung der Genitalzonen, wie sie pornographische Literatur aufweist, stellen keine Hilfe dar für impotente Partner; sie können eher noch zu einer psychogenen Sexualstörung führen.

Vom Fremdgehen, das manche Therapeuten aus psychologischer Sicht empfehlen, ist abzuraten, da hierbei neuerliche Schuldgefühle entstehen können oder aber die eigene Ehe gänzlich zerstört werden kann. Der Seitensprung stellt keine wirkliche Hilfe dar, weil das Problem lediglich verschoben wird. Die Potenzstörung kann auf diese Weise kaum behoben werden.

Die tiefste Ursache vieler partnerschaftlicher Störungen liegt in der fatalen Meinung, der eine müsse den anderen ständig glücklich machen. Die Ehe wird von überhöhten Erwartungen und unrealistischen Glücksvorstellungen begleitet, die keiner auf Dauer erfüllen kann. Liebe muss immer wieder neu gelernt und eingeübt werden. Und vor allem: nicht andauernd die Schuld beim Partner suchen und ihn verändern wollen, sondern gemeinsam eine Lösung suchen, beim eigenen Denken und Verhalten ansetzen.

Die christliche Sexualerziehung war lange Zeit geprägt von Ängsten und Schuldgefühlen; daran vermochte auch die pornographische Überflutung nichts zu ändern. Beiden ist eine gewisse Leibfeindlichkeit zu eigen, die biblisch nicht zu belegen ist. Jesus selbst hat sich über sexuelle Themen ausgeschwiegen. Es gab für ihn wichtigere Botschaften und Lebenshilfen, z.B. die Vergebung. In meiner Praxis erlebe ich häufig, dass sich die Partner ihre Fehltritte nicht vergeben. Mitunter wird durch die sexuelle Verfehlung (z.B. Ehebruch) des einen mit einem Schlag die Liebe und Zuneigung des anderen gelöscht. „Seitdem empfinde ich nichts mehr für meine Frau", sagte kürzlich der in seinem Stolz gekränkte Ehemann. Eine solche Überreaktion lässt vermuten, dass hier immer schon eine neurotische Liebe vorlag, keine wirklich sich hingebende und sich vergebende Liebe. Die kleinste Verletzung muss dann zur narzisstischen Kränkung führen, die mit Liebesentzug bestraft wird. So erweist sich mal wieder, dass eine gesunde Selbstliebe Voraussetzung ist für eine gelingende Nächstenliebe, die ihren Höhepunkt findet in der sexuellen Vereinigung.

Krebs

Fast jeder dritte Bundesbürger stirbt an Krebs. Eindeutige Ursachen sind bis heute nicht gefunden worden; Wissenschaftler vermuten auch seelische Ursachen, die durch entsprechende Lebens- und Ernährungsweise noch ergänzt werden. Der Begriff „Krebs" kommt wahrscheinlich von dem eigenartigen Bild her, das sich bei Venenstauungen in der weiblichen Brust darstellt. Diese bei Brustkrebs entstehenden Verzweigungen in der Vene sehen aus wie die Füße eines Krebses.

Bevor ich auf die vielschichtigen Ursachen eingehe, möchte ich diverse Begriffe klären, die mit der Krebserkrankung zu tun haben. Karzinom (griechisch: Krebs) meint eine besondere Krebsart: bösartige Wucherungen auf der Oberfläche der Haut und Schleimhaut sowie des Organgewebes. Sind Stütz- und Bindegewebe betroffen, spricht man von einem Sarkom (griechisch: Fleisch). Tochtergeschwülste heißen Metastasen (griechisch: Kolonien). Ein Tumor ist eine Schwellung, hervorgerufen durch eine Entzündung im jeweiligen Organ. Heute hat sich für das zerstörerische Wachstum der Geschwülste der Begriff „Malignom" eingebürgert, d.h. bösartige Wucherung. Der Einfachheit halber verwende ich im folgenden die Bezeichnung „Krebs".

Es gibt einen deutlichen Zusammenhang zwischen Umweltverschmutzung und Krebserkrankung: Wer an einer verkehrsreichen Straße wohnt, läuft eher Gefahr, und zwar neunmal häufiger als ein Anwohner einer abgelegenen Straße, krebskrank zu werden. Autoabgase, Ruß und Industriequalm, natürlich auch Nikotin, erhöhen bis zu 80% das Risiko eines Lungenkrebses, der bei Männern an erster Stelle steht. Da er aber erst nach 20–30 Jahren ausbricht, wiegt sich die Mehrheit der Gefährdeten zu lange in Sicherheit und macht sich glauben, sie könnten ebenso alt werden wie die Großvätergeneration, die bis zum letzten Atemzug Tabakrauch inhaliert hat. Hierbei wird der ganz wesentliche Faktor der Ernährung und Lebensweise übersehen, der sich entschieden gewandelt hat und die körperlich-seelische Disposition beeinflusst. Das ist auch die Antwort auf die Frage, warum der eine trotz starken Rauchens nicht krebskrank wird und der andere bei aller Enthaltsamkeit so rasch dahinsiecht.

Auf eine Formel gebracht: Derjenige ist besonders gefährdet, der sich exponiert. Der Hyperaktive, stark Engagierte, der Überforderte, der sich einer Reihe von Stressfaktoren aussetzt, zählt zu den Gefährdeten. Ein solch exponierendes Verhalten gleicht einem Mosaikbild, dessen einzelne Steinchen wie folgt aussehen:

– Er fühlt sich zu sozialen Aktivitäten verpflichtet, oftmals aufgrund seiner religiösen Einstellung.
– Er anerkennt Autoritäten und zeigt mitunter eine starke Unterordnung, die sich als Verpflichtung zum Gehorsam versteht.
– Er fühlt sich körperlich stark und leugnet vorhandene Krankheitsanzeichen.
– Er unterdrückt seine Aggressionen und gibt sich nach außen hin als beherrschte Person.
– Er ist bereit, eigene Bedürfnisse zurückzustellen zugunsten eines harmonischen Verhältnisses zu anderen.
– Er ist übermäßig empfindsam und abhängig von der Zuwendung anderer.

Wer solches Verhalten zeigt, verrät eine starke Verdrängung seiner Bedürfnisse. Er möchte geliebt und geachtet werden und glaubt, das nur erreichen zu können, indem er ein versöhnendes Benehmen an den Tag legt und dadurch sehr rasch soziale Beziehungen aufbaut, in denen er seine früher gemachten Erfahrungen der Ablehnung ausgleichen kann. In der Tat haben Krebskranke auffällig häufig während ihrer ersten Lebensjahre eine sehr enge Beziehung zu einem Elternteil gehabt, jedoch überschattet von einem Mangel an liebevoller Zuwendung. Aus Angst vor Isolation und Ablehnung versuchten sie immer, sich nach den Wünschen anderer zu richten und sich für den anderen zu exponieren. So wurde ihr Verhalten zunehmend leistungsorientiert und aufopfernd, zugleich angstbeladen, weil der Liebesverlust immer wieder drohte, wenn sie einmal nicht die Bedürfnisse der anderen zu befriedigen imstande waren. Für sie ist nach außen hin alles in Ordnung; Triebe und eigene Bedürfnisse werden nach innen verlagert (verdrängt), wo sie sich im Organismus irgendwie „festbeißen". Das mag so lange gut gehen, wie sie imstande sind, durch ihr aktives Verhalten einen befriedigenden Ausgleich zu finden. Kommen aber Enttäuschungen, Depressionen und Hoffnungslosigkeit hinzu, wird der Weg in die Krebskrankheit endgültig gebahnt. Wer jetzt noch ein Opfer äußerer, negativer Einflüsse wird, kann schwerlich vom vorgezeichneten Weg abkommen. Solche äußeren Faktoren sind:

– Tabakgenuss sowie ständiges Einatmen von Autoabgasen (gefährdet sind hier vor allem Verkehrspolizisten und Straßenarbeiter),
– Nitrosamingenuss (gepökeltes Fleisch, Wurst),
– radioaktive Strahlen (gefährdet sind Röntgenärzte und Atomwissenschaftler),
– Medikamentenmissbrauch,
– exzessive Sonnenbestrahlung.

Wie schon erwähnt, ist der Lungenkrebs beim Mann die häufigste Krebserkrankung, gefördert durch das Rauchen. Untersucht man die Hintergründe für den Griff zur Zigarette, so kommt man wieder zu seelischen Komponenten wie Ärger oder Angst, Unsicherheit, mundbetonte Ersatzbefriedigung (tiefenpsychologisch als Fortsetzung des Saugens gedeutet), Nachahmung, Ablenkung usw.

Die bei Frauen häufigste Erkrankung ist der Gebärmutterhalskrebs, der vorwiegend zwischen dem 45. und 55. Lebensjahr auftritt. Es folgt, bei Männern und Frauen gleichermaßen vertreten, der Magenkrebs. Dass der Magen besonders gefährdet ist, habe ich bereits im Kapitel über Magen- und Zwölffingerdarmgeschwür ausgeführt. Was die

Krebserkrankung an der weiblichen Brust und an den Genitalien betrifft, so gibt es statistisch gesicherte Erkenntnisse: Frauen mit unbefriedigenden oder seltenen Sexualkontakten finden sich auffallend oft unter den Brustkrebskranken. Viele heiraten spät oder gar nicht; sie stillen ihre Babys nicht oder nur ungern. Hier mag auch eine Erklärung für die häufigen Brustkrebserkrankungen bei Nonnen zu finden sein. Andererseits erkranken sexuell sehr aktive Frauen sehr viel häufiger am Gebärmuttermund. Wesentlich ist hierbei aber weniger die Quantität der sexuellen Aktivität, sondern vor allem die persönlich empfundene Lebensqualität. Wer Unzufriedenheit und Unerfülltheit empfindet, erkrankt eher. So kann die sexuell Überaktive ebenso wenig erfüllt sein, wie die Enthaltsame unzufrieden sein muss. Die innere Einstellung ist eben doch ein ganz wichtiger Faktor in der seelisch-körperlichen Befindlichkeit eines Menschen.

Krebs ist aufgrund seiner vielschichtigen Herkunft nicht mit einer Methode zu bekämpfen. Hierzu bedarf es mehrerer Therapien gleichzeitig. Am besten bleibt immer noch die Vorsorge, die in einer entsprechenden Lebens- und Denkweise besteht. Wichtig ist es, dass der Patient wieder lernt, seine Bedürfnisse zu äußern und zu befriedigen. Ist die Krankheit einmal ausgebrochen, ist ihre Verleugnung ausnahmsweise hilfreich, weil hierbei das Ignorieren der Symptome psychische Lebensenergie freisetzt. Wer keine Abwehr aufbaut, versackt in der Krankheit und stirbt früher. Wer Hoffnungen hegt und so tut, als ob nichts wäre, hat mehr Chancen.

Rauchen, Trinken und Medikamentenmissbrauch müssen abgestellt werden. Neben der Chemotherapie und physikalischen Therapie muss eine existentielle Problemaufhellung (Analyse oder Gesprächstherapie) erfolgen, die eine Korrektur der verdrängenden und hyperaktiven Lebenshaltung sowie der angstbesessenen Denkweise verlangt.

In den letzten Jahren diskutieren Schul- und Alternativmediziner, die die aggressive Krebstherapie ablehnen, heftig mit- und gegeneinander über die Wirksamkeit neuer Heilmethoden. In der Tat wird bei uns zu rasch mit dem Skalpell hantiert; operative Eingriffe können ein Zellgewebe reizen und seine Streuung fördern. Die Chemotherapie bringt enorme körperliche und seelische Belastungen mit sich. Immer wieder hört man von Patienten, die sich der Schulmedizin entziehen und gute Erfolge mit „Außenseitermethoden" haben. Doch wenn es dann schiefgeht, melden sich die Vertreter der Allopathie anklagend zu Wort.

Natürlich haben noch die Gene ein Wörtchen mitzureden. Da kann einer noch so gesund leben und sich alles Schädigende vom Leib halten – er kann dennoch Krebs bekommen. Das sollte ihn aber an seiner Vorsorge und guten Lebensweise nicht hindern. Grüner Tee hat sich bewährt, Kohl und Sojabohnen, Vitamine C, B und Betakarotin, Brokkoli und vieles andere mehr. Vor allem aber: regelmäßige Bewegung, positive Lebenshaltung, Gottvertrauen.

Depressionen

Immer mehr Geplagte zwischen dem 30. und 60. Lebensjahr greifen zu Antidepressiva, kennen das Gefühl von Freude und Spontanität nicht mehr, sind entscheidungsunfähig, antriebsgelähmt, gereizt, spielen nicht selten mit Selbsttötungsabsichten und interessieren sich für nichts mehr auf der Welt außer für ihre Krankheit.

Die Depression ist eine typische Krankheit der Leistungsgesellschaft geworden; in armen und primitiven Bevölkerungsschichten ist sie weniger verbreitet als bei den wohlhabenden, zivilisierten. Leistungsdenken, pedantischer Formalismus, übertriebene Gewissenhaftigkeit sowie Ordnungsliebe zeichnen den depressiven Charakter aus. Fromme Angsthasen sind weit häufiger betroffen als laue Kirchgänger; Erwachsene, die als Säuglinge nie oder wenig gestillt wurden, sind eher anfällig als ihre Mitmenschen, die intensiven Kontakt mit der Mutterbrust hatten.

Die Depression hat viele Gesichter. Ihre Ursachen sind so unterschiedlich wie ihre Symptome. Ungeachtet der mannigfaltigen Depressionserscheinungen lassen sich Depressive allgemein so beschreiben: Sie sind hilfsbereit und genau, zeigen aufopfernde Sorge und Pflichttreue, leisten in jeder Hinsicht viel, meiden Streit, suchen alles, was Harmonie und Frieden schaffen kann, unterdrücken ihre Aggressionen, bis sie glauben, dass sie gar keine haben, leiden mitunter an Schlafstörungen, Appetitmangel, Verstopfung, Kopf- und Magenschmerzen. Manchmal neigen sie zu verstärktem Geldausgeben und zu außerordentlicher Ess-Sucht. Andere wiederum verweigern fast jede Nahrung, magern ab und rauchen sich zu Tode. Oder sie greifen zur Flasche und werden zu „armen Schluckern". Schließlich gibt es noch die, die sich in die Arbeitswut flüchten, um der Sinnlosigkeit und Langeweile zu entgehen.

Nicht jeder, der solches Verhalten zeigt, muss notwendigerweise depressiv sein. Daher ist es unumgänglich für die richtige Therapie, die Art und Weise, die Herkunft und genaue Symptomatik der Krankheit zu kennen. Die Medizin kennt viele Formen der Depression, die sich vereinfacht auf folgende zusammenfassen lassen:

– *reaktive Depression:* z.B. *Trauer* nach Verlust eines Menschen, Schockreaktion nach schweren Enttäuschungen oder Misserfolgen;
– *Erschöpfungsdepression* (Burn-out-Syndrom): Folge von Überarbeitung und Stress, vornehmlich zwischen dem 30. und 50. Lebensjahr;
– *hormonell bedingte Depression:* Schwangerschaft, Klimakterium, Mangelerscheinungen, z.B. Serotonin;
– *neurotische Depression:* frühkindlicher Liebesmangel, Fehlerziehung, verkümmerte oder fehlende Kreativität;

– *agitierte Depression:* psychomotorische Unruhe, Erregung, auf der Stelle treten, ist ein Zustandsbild der endogenen Depression;
– *endogene Depression:* keine erkennbare Ursache, gelegentlich mit manischen Phasen wechselnd, starke Angst, häufig Rückfälle.

Am häufigsten und von unterschiedlicher Dauer ist die *Trauer.* Sie beansprucht etwa ein halbes bis ein Jahr und weicht dann normalerweise einer neu auflebenden Kreativität und Lebensfreude. Jedoch bleibt mancher in dieser Trauer stecken, vor allem, wenn mit dem Verlust der geliebten Person sein eigenes Ich begraben wurde. „Ohne dich kann ich nicht leben", ist sein Spruch, der den Verlust der eigenen Integrität und Identität verrät. Versucht er dabei seine Gefühle zu verstecken, Tränen zu unterdrücken und sich zusammenzureißen, dann verschlimmert sich die Situation. Der gesunde Trauernde zieht sich für eine kurze Zeit zurück, gibt sich dem Schmerz hin und versucht durch geistige Wiederholung früherer Erlebnisse allmählich sich mit der neuen Lage anzufreunden. Selbst eine Scheidung bringt mitunter solche Symptome mit sich.

Der Trauernde soll trauern, weinen, sich zurückziehen können. Freunde sollten ihn aufsuchen, still anwesend sein und nicht mit falschen Tröstungen aufwarten, wie beispielsweise: „Kopf hoch, es wird schon wieder!" – „Reiß dich zusammen!" – „Nun wein' doch nicht!" usw. Die Tabuisierung des Todes in unserer Gesellschaft trägt noch mehr zu einer verdrängenden und damit schlimmer werdenden Depression bei. Die Trauer stellt eine Arbeit dar, die geleistet werden muss, um sie rasch und ohne seelische Schäden überleben zu können.

Die *Erschöpfungsdepression* ist weit verbreitet und oftmals als solche nicht erkannt. Sie kann sich hinter einer „vegetativen Dystonie" verbergen, hinter chronischen Migräneanfällen oder hinter einer allgemeinen Unlust und Nervosität. Schlafstörungen treten ein, Lärmempfindlichkeit und Angst quälen den Körper, die Konzentration lässt nach. Psychopharmaka stellen nur provisorische Hilfsmittel dar, weil Nebenwirkungen auftreten und die Gewöhnung zu einer Dosiserhöhung führt. Massagen sind immer gut, zumal die Depressiven an Muskelverspannungen leiden. Ein offenes Gespräch mit dem Partner oder mit einem guten Bekannten dient der ersten Erleichterung, denn das Zurückhalten von Gefühlen zementiert die Krankheit nur.

Wichtig ist die Bewusstmachung der eigenen Bedürfnisse, die jahrelang unterdrückt wurden, beispielsweise der abendliche Ausgang in ein Restaurant oder Kino, irgendein Hobby oder eine gemeinsame Aktion mit Freunden, der Gang zum Friseur usw. Ich erlebe es immer wieder, wie gerade Hausfrauen ihre Wünsche zurückstellen zugunsten der Familie und dabei allmählich seelisch draufgehen.

Als Frau M. zu mir kam, litt sie zunehmend an der Angst, es nicht zu schaffen. Mit leiser, fast weinerlicher Stimme wies sie wiederholt darauf hin, dass sie für eigene Ideen keine Zeit mehr habe, dass ihr Mann sie nicht verstehe, dass die Kinder ihr keine Zeit zum Ausruhen ließen. Sie fühlte sich total überfordert, träumte von einem neuen Mantel, den sie sich nicht laut zu wünschen wagte, weil ihr Mann jeden Pfennig für den Weinberg brauche. Frau M. war die typische Vertreterin der unterdrückten, sich aufopfernden und zugleich hilflosen depressiven Patientin.

Auf mein Drängen hin begann sie wieder zu sticken und einmal in der Woche mit anderen Frauen zum Schwimmen zu gehen. Noch am Tag des ersten Gesprächs mit mir ging sie mir ihren Kindern in ein Café und „verbummelte" so eine ganze Stunde. Schuldgefühle bekam sie nicht, weil sie dies als therapeutische Notwendigkeit ansah. Im vierten Gespräch kam ihr Mann mit, der überrascht war, als er von den bescheidenen Wünschen seiner Frau hörte. Glücklicherweise war er bereit, zweimal in der Woche ein Hausmädchen einzustellen, damit seiner Frau regelmäßig mehr Zeit für ihre persönlichen Interessen blieb.

Generell lässt sich sagen, dass die von der Erschöpfungsdepression Betroffenen nach wenigen Veränderungen ihrer Lebenssituation (z.B. kürzer treten und gelassener reagieren) gesunden und neue Lebenskräfte aktivieren. Sie sollen zwischenmenschliche Beziehungen aufrechterhalten, ein Hobby pflegen und öfter kleine Bummel durch die Stadt machen. Freizeit und Beruf müssen streng unterschieden werden, sonst wird der Sonntag wie der Feierabend zu einem lustlosen Arbeitstag.

Die *hormonell bedingte Depression,* die besonders typisch bei Schwangerschaft und Klimakterium auftritt, sollte mit Hormonen behandelt werden. Hierbei kann die von der Patientin aufgezeichnete Temperaturkurve dem Arzt sehr nützlich sein. Er sieht dann, ob der Verlauf der Körpertemperatur, die nach dem Aufwachen im After oder in der Scheide mit einem Spezialthermometer zu messen ist (und zwar drei Monate lang), nicht in Ordnung ist.

Klimakterielle Depressionen hängen meist mit der veränderten Lebenslage zusammen: Die Frau sieht sich zunehmend als unattraktive Person, verliert ihren Lebenssinn und gerät in eine Krise, die als „Midlife-Crisis" ziemlich hochgespielt wurde. Hier zeigt sich die Schwierigkeit, in Ehren grau und alt zu werden; bei manchen stellt sich jetzt ein Gefühl des Versäumthabens ein. Wer es bis jetzt immer auf Äußerlichkeiten abgesehen hatte, wird es besonders schwer haben. Auch in dieser Zeit tut sich derjenige leichter, der frühzeitig Vorsorge getroffen hat und nun Hobbys betreiben kann: Gartenpflege, Bastelarbeiten, sportliche Tätigkeiten, soziales Engagement, Stammtischtreffen usw.

Die *neurotische Depression* ist gekennzeichnet durch einen unregelmäßigen Verlauf. Ihre Ursache ist nicht zu erkennen; die Auslöser sind mitunter so geringfügig und banal, dass sie zur Erklärung nicht ausreichen. Medikamente helfen so gut wie nicht, während eine psychologische Therapie eher nützt. Der Betreffende verbirgt seine Schwermut hinter fröhlichem Gebaren, sodass die Umwelt irritiert wird, wenn sie das wahre Gesicht sieht. Er leidet unter Schlafstörungen, die auch nicht mit den gängigen Psychopharmaka verschwinden. So dreht sich der Patient im Kreis, kommt sich selbst fremd vor und kann seinen Zustand ganz und gar nicht verstehen.

Untersucht man die Kindheitsgeschichte solcher Patienten, findet man rasch bemerkenswerte Zusammenhänge. Allen Patienten gemeinsam sind hierbei Mangel an Zuwendung und Geborgenheit sowie eine unterdrückende, strenge Erziehung. Ansonsten hat sich in der Kindheit nichts Bedeutendes, kaum Erfreuliches abgespielt; sie erscheint eher grau und verblasst. Manche Väter zwangen ihre Kinder in bestimmte Berufslaufbahnen, die den Interessen der Kinder nicht entsprachen. Manche Mütter verwöhnten ihre Kinder, weil sie ihnen kurz vorher Unrecht getan hatten und dies nun wiedergutmachen wollten. So entsteht allmählich eine Hassliebe zu den Eltern, die man als Wurzel der neurotischen Depression betrachten kann.

Hier ist eine Angsttherapie angezeigt, weil neurotisch Depressive auch unter Angstgefühlen leiden. Psychopharmaka helfen kaum, sind eher verzögernd, da sie die Symptome zudecken. Massagen, Heilgymnastik, vielleicht auch Yoga oder Autogenes Training können befreiende Wirkungen haben. Vor allem aber sollte die Krankheit nicht so tragisch genommen und durch Grübeleien sowie Selbstmitleid verstärkt werden. Wenn man bedenkt, dass 90% der westlichen Welt in irgendeiner Weise neurotisch sind, dann darf man sich getrost in guter Gesellschaft wähnen. Die Neurose scheint das Normale zu sein.

Bei der *agitierten Depression* findet sich das Immer-wieder-Ansetzen-Wollen und eine innere Unruhe. Solche Patienten treten auf der Stelle, wiederholen immer die gleichen Sätze und ringen mit den Händen. „Ich kann es nicht, ich kann es nicht, das schaffe ich nicht", sagte ein junger Mann ständig, wobei er vom Stuhl aufstand, sich wieder setzte und große Unruhe verbreitete. Manchmal setzen sich Zwangsimpulse fest, die aber nicht in die Tat umgesetzt werden, z.B. jemanden mit dem Messer töten oder sich selber in die Tiefe stürzen wollen. Das Gegenstück dieser agitierten Symptomatik ist die gehemmte endogene Depression. Beide zählen zu den affektiven Psychosen, was so viel bedeutet wie Verlust der realen Empfindung, Störung der normalen Gefühlslage. Im hohen Alter kann eine Wahnbildung hinzukommen, d.h. paranoide Empfindungen: Der Betreffende fühlt sich verfolgt, verdächtigt die eigene Verwandtschaft eines Mordkomplotts gegen ihn, er befürchtet, vergiftet oder abgehört zu werden u.a.

Schließlich gibt es noch die von innen kommende *endogene Depression,* deren Ursache völlig schleierhaft ist und die manche Ärzte zu den Psychosen, den geistigen Krankheiten rechnen. Sie wird vererbt und zeigt sich bisweilen in Schüben, die bei manchen Patienten auch manische, also heiter-erregte und übertrieben aktive Stimmungen haben können. Solche Schübe oder Phasen wechseln ständig. Bei dieser Krankheit ist die chemotherapeutische Behandlung die beste, wenngleich sie auch nicht zur vollständigen Heilung führt. Da bei dieser Depressionsform die klinische Beobachtung über längere Zeit hinweg erforderlich ist, also eine stationäre Behandlung erfolgt, möchte ich hier nicht weiter auf sie eingehen.

Wesentlich erscheint mir aber noch eine Bemerkung zu der Gefahr des Suizids, die ja bei Depressiven immer wieder mitschwingt. Wer beispielsweise eine Selbsttötung ankündigt oder auch nur einen solchen Gedanken laut ausspricht, muss ernst genommen werden. Doch nicht immer wird der Freitod angekündigt. Wiederholte Gespräche über den Tod, Erkundigungen über Wirkungen von Tabletten und ähnliche Themen sollten zur Vorsicht mahnen. Bei manchen Patienten ist vor der Tat eine auffällige Ruhe zu beobachten. In Akutsituationen wie Liebeskummer, Geschäftsbankrott, plötzlicher Einsamkeit oder Arbeitslosigkeit müssen die Angehörigen eine erhöhte Vorsicht und Sensibilität an den Tag legen, um selbst spielerische Gedanken mit dem Tod richtig einzuschätzen. Jeder missglückte Suizidversuch ist als SOS-Ruf zu deuten, als dringende Bitte um mehr Zuwendung und Verständnis.

Licht kann vielen Depressiven helfen. Immer mehr ältere, von Rheuma und Depression geplagte Menschen verbringen während der dunklen Wintermonate ihr Leben in südlichen Ländern. Nicht von ungefähr wird Mallorca als das 17. Bundesland bezeichnet.

Es fällt auf, dass auch immer mehr Männer depressiv werden, und zwar junge Männer zwischen 18 und 25 Jahren. Die Suizidrate hat in den letzten 20 Jahren über 300% zugenommen. Grund ist die Rollenverunsicherung und die wachsende Arbeitslosigkeit. Außerdem gibt es immer weniger Möglichkeiten, Karriere zu machen. Und die älteren Hasen, die beruflich ihr Ziel erreicht haben, weisen zunehmend emotionale Defizite auf. Sie haben nur ihre linke Gehirnhälfte trainiert (Verstand, Ratio, Sache) und die rechte vernachlässigt (Emotionen, Intuitionen).

Nun haben Depressionen durchaus einen Sinn. Sie schützen uns paradoxerweise vor Schlimmerem; der Körper und die Seele bäumen sich auf gegen reale Gefahren, gegen ungelöste Konflikte, ungenutzte Potentiale. Deshalb ist es unsinnig, die Depression allein mit Medikamenten zu bekämpfen, es müssen Gespräche über die möglichen Ursachen und Auslöser geführt werden. Da die meisten Depressiven ihre Lage nicht realistisch einschätzen können, muss hier angesetzt werden. Angehörige brauchen keine Schuldgefühle zu haben, da die Depression auch eine biologische Seite hat; sie sollten die Grenzen der eigenen Belastbarkeit akzeptieren, Verantwortung abgeben und sich Auszeiten nehmen. Auf keinen Fall sollte während der Depression eine wichtige Entscheidung gefällt werden (Berufswechsel, Scheidung ...).

Ängste

Angst ist ein Bestandteil unseres Alltags. Sie ist die normale Antwort auf eine unbekannte Gefährdung des Lebens; Furcht hingegen ist die Reaktion auf eine bekannte oder vorgestellte Bedrohung, also gegenstandsbezogen: Furcht vor einem Hund, vor einer Hochspannungsleitung, vor dem Herrn Schmidt usw. Wenn die Furcht intensiv wird, sprechen wir von Panik. Infolge der Adrenalinausschüttung (Hormon der Nebennierendrüsen) kommt es zu Erregungszuständen, Herzklopfen, Harndrang, Zittern. Gereiztheit, Fluchthaltung oder auch Totstellreflex bis hin zur Ohnmacht sind die Folge. Manche werden plötzlich von einer Angst befallen, die ihre gesamte Existenz und Bewegungsfreiheit einschränkt, von einer krankhaften Angst, Phobie genannt, auf die weiter unten näher eingegangen wird.

Angst zeigt sich in vielen Symptomen; neben den deutlichen, eben erwähnten körperlichen Anzeichen gibt es noch eine Reihe von Verhaltensreaktionen, die der Laie nicht sofort als Angstsymptome deutet: beispielsweise das Nichternstnehmen und Überfliegen der Wirklichkeit. Insbesondere hei Horrorfilmen wird das deutlich, wenn der Zuschauer gerade bei den angsterregendsten Szenen lacht oder ironische Bemerkungen macht. Hier drückt sich eine unterschwellige Angst vor der Möglichkeit der Wirklichkeit aus. Oder wenn jemand vor Anstrengungen ausweicht, weil er einen Misserfolg ahnt. Typisch ist die Angst des Sportlers vor einer besonders schwierigen Übung, die ihn erkennen lässt, dass etwas schiefgehen wird. Auch im

Nichtzuendeführen des Begonnenen, in der Angeberei, im nervösen Kettenrauchen, im Leugnen eines Fortlebens nach dem Tod, in der Eifersucht, im Lügen, im starren Festhalten an Normen, Traditionen und „Man"-Gesetzen („Das tut man nicht!" – „Man hat sich danach zu richten!") kann sich Angst verbergen. Grundsätzlich entsteht sie immer dann, wenn man sich nicht annehmen kann, wenn man in sich etwas ablehnt, wovon man zugleich glaubt, dass es doch zum Durchbruch kommen wird.

Auffallende Merkmale der Angst sind Reizbarkeit und lautstarkes Benehmen. Solche Menschen sind leicht aus der Fassung zu bringen, brüllen den Gesprächspartner an; zugleich sind sie rasch ermüdet und können kaum ihre tägliche Arbeit bewältigen. Ist der Angstzustand Dauerstimmung, kommt es zu verstärkten Empfindungen des Herzschlags, Zittern und depressiven Verstimmungen; schließlich kann sich das Gefühl auf Situationen übertragen, die bis dahin als harmlos und alltäglich empfunden wurden, zum Beispiel auf menschengefüllte Plätze, auf Fahrstühle und enge Räume, auf weite Plätze und öffentliche Verkehrsmittel. Hier wird die Angst plötzlich zu einer Phobie.

Häufig verbreitet ist die Versagungsangst, also das beklemmende Gefühl, einer Aufgabe nicht gewachsen zu sein, wobei schon der Gedanke zu versagen den Misserfolg heraufbeschwört. Der Schüler, der am Vorabend seiner Prüfung mit Bangen an einen möglichen Misserfolg denkt, bewegt sich bereits im Vorfeld des Versagens: Seine ängstliche Erwartungshaltung wird ihn schon vor der Prüfung blockieren. Er schwitzt, träumt vielleicht schlecht, bekommt Magen- oder Kopfschmerzen, mitunter Durchfall und einen Kloß im Hals.

Untersucht man die Biographie von Angstpatienten, so findet man oft eine überängstliche Mutter vor, einen zu strengen Vater und ein ordnungsliebendes, zur Korrektheit neigendes Familienmilieu. Versagertypen sind unselbstständige, angepasste Menschen, die wenig Selbstbewusstsein entwickeln konnten und sich selbst nicht sehr positiv einschätzen. Das beste Mittel, die Versagungsangst abzubauen, besteht zunächst einmal darin, die eigenen Fähigkeiten und Interessen wieder bewusst zu machen und durchzusetzen. Dann sollte man sich daran machen, einzelne, im Schwierigkeitsgrad steigende Aufgaben zu lösen, niemals aber einer Situation auszuweichen. Solche Aufgaben könnten sein: jemanden auf der Straße ansprechen, lästige Bitten von Kollegen abschlagen, sich beim Kellner über das Essen beschweren, einen Kurs an der Volkshochschule belegen und mit einer Prüfung abschließen, im Lokal einen sympathischen Menschen ansprechen usw.

Hierbei hat der Betroffene Möglichkeiten, sein Selbstwertgefühl aufzubauen, ohne ein folgenschweres Risiko einzugehen. Da der Erfolgszwang fehlt, bleibt die Angst im erträglichen Maß. Dadurch erzielt er mehr Erfolge und somit schließlich ein höheres Selbstbewusstsein. Daneben empfiehlt sich Autogenes Training oder Yoga mit der Formel: „Ich schaffe es, ich handle fest und entschlossen und erreiche sicher mein Ziel – Angst gleichgültig."

Weitaus belastender und auch körperlich folgenschwerer sind Phobien, die sich nur in Verbindung mit bestimmten Situationen oder Objekten einstellen, wobei sie in keinem Verhältnis dazu stehen und sich jeder willentlichen Kontrolle entziehen. Die meisten Menschen entfliehen diesen Situationen und verstärken dadurch noch ihre Ängste; vor allem schränken sie ihren Lebensraum stark ein.

Da ist die weit verbreitete Platzangst, Agoraphobie genannt. Sie macht den Betroffenen unfähig, über bestimmte Straßen und Plätze zu gehen, sich in Kirchen, Lokalen und menschenerfüllten Gebäuden zu bewegen. Sie zeigt sich in allen möglichen Kombinationen und wird auch Klaustrophobie genannt, wenn sie sich auf kleine, enge Räume bezieht, beispielsweise Fahrstühle, Autos, Zimmer mit niedrigen Decken usw. Die Phobiker haben in solchen Momenten das Gefühl, sie müssten umfallen. Ihre Beine zittern, der Schweiß bricht aus, sie leiden unter Erstickungsanfällen, Atemnöten, nervöser Reizbarkeit und Verkrampfungen. Manche spüren ein Globusgefühl im Hals, andere bekommen rote Flecken im Gesicht. Geschickt umgehen sie Plätze und Gebäude. Manche sitzen nur noch zu Hause herum, von ihren Kindern belächelt, sich ihrer Ängste schämend.

Zwingen sie sich dennoch dazu, jene angstauslösenden Stellen aufzusuchen, dann dient nicht selten ein Fahrrad, Kinderwagen oder eine große Tasche als Beruhigungsmittel. Sie klammern sich an diesen Gegenständen fest, schauen starr auf den Boden und empfinden die einbrechende Dunkelheit als angstdämpfenden Schutzmantel.

Frau E. litt schon seit zwölf Jahren unter Platzangst und fand sich endgültig damit ab, nachdem ihr der Arzt sagte, das käme wohl von ihrer verkrümmten Wirbelsäule. Auf großen Plätzen und Straßen überkamen sie jedes Mal ein gewaltiges Zittern in den Beinen und Schwindelgefühle. Im Verlauf von sechs Einzelstunden suchte ich mit ihr genau jene Stellen auf, die sie sonst mied, und forderte sie mit sanftem Nachdruck auf, die Angst umzufallen ganz intensiv zu wünschen mit dem immer wieder zu denkenden Satz: „Ich will jetzt umfallen und zittern. Die Leute sollen mal sehen, wie schlecht es mir geht. Sobald ich da hinten angekommen bin, will ich sofort umfallen!" Nach mehrmaliger Übung stellte sie fest, dass ihre alten Befürchtungen nicht eintrafen. Schließlich verblassten ihre Angstempfindungen, sodass sie in der Lage war, jederzeit alle Plätze der Stadt aufzusuchen. Diese Methode der paradoxen Intention hat sich gerade bei Platzängsten sehr bewährt.

Den Angehörigen solcher Patienten sei gesagt, dass diese Störung eine echte Krankheit darstellt, nicht etwa auf Einbildung beruht oder gar billige Drückebergerei ist. Der

Wille allein reicht nicht aus, die Platzangst zu beheben. Wem die Methode der paradoxen Intention nicht so sehr liegt, der kann sich einer anderen Übung bedienen, die sich „systematische Desensibilisierung" nennt, d.h. allmählicher Abbau von Angstgefühlen. Wie das aussieht, beschreibe ich im Folgenden kurz:

Nehmen wir an, der Patient meidet vorwiegend Gebäude und Plätze, wo sich viele Menschen einfinden, also Kaufhäuser, Märkte, Kirchen und Theater. Schon der Gedanke daran bereitet ihm Atemnot. Was ist zu tun? Zunächst muss der Patient seine Ängste in eine Hierarchie aufgliedern, also nach den verschiedenen Graden ordnen. Er beginnt mit der leichtesten, kleinsten Angst. Beispielsweise empfindet er auf dem Marktplatz nur eine leichte Angst mit wenig Atemnot. Im Kaufhaus wird es dann schon ein bisschen stärker. Der Besuch in einer Kirche ist ihm nur unter unumgänglichen Gründen möglich; das Theater meidet er überhaupt. Nach dieser groben Hierarchie kann er noch feiner differenzieren. Am Ende hat er eine Liste voller Angststufen. Nun beginnt er mit der leichtesten, begibt sich also auf den Markt, um etwas zu kaufen. Er geht dabei so weit, bis er glaubt, nicht mehr weiterzukommen, weil er Atemnot verspürt. Hier hält er inne, muss nun die Situation aushalten, bis die Angst kleiner geworden ist. Er sollte jetzt nicht umkehren, weil sonst ein totaler Rückfall erfolgt. Nach dieser Pause geht er weiter, bis eine neuerliche Angst ihn erfasst. Er wiederholt die Übung noch einmal, hält inne, wartet, geht weiter. An den folgenden Tagen geht er wieder zum Markt, bis er ihn angstfrei überqueren bzw. dort einkaufen kann.

Nun folgt die nächste Stufe in der Angsthierarchie. Er sucht ein Kaufhaus auf. Auch hier geht er schrittweise vor, hält immer wieder inne, bis die Angst vergeht. Auf diese Weise erfährt er die Harmlosigkeit seiner Angst und traut sich allmählich mehr zu. Am Ende, etwa nach vier bis acht

Wochen, vermag er sogar eine Kirche aufzusuchen und gar ein Theater, wenngleich er auch den Randsitz in der Nähe des Ausgangs bevorzugt.

Heute weiß man, dass schwerwiegende Ängste mit einer Stoffwechselstörung einhergehen: Vermutlich produziert der Körper zu wenig Adrenalin und zu viel Serotonin.

Hauterkrankungen

Wenn wir unsere Spracheigentümlichkeiten betrachten, so ist einer, der „aus der Haut fahren" will, ein aggressiver, verärgerter Mensch. Kann er nicht „aus seiner Haut heraus", obgleich er sich „in seiner Haut nicht wohl fühlt", dann wird etwas anderes heraustreten. So wirken sich viele Erlebnisse, die „unter die Haut gehen", auf der Oberfläche aus: Erröten, Erblassen, Schwitzen, Jucken, Frieren usw.

Die Hautsensibilität ist bei den Menschen unterschiedlich; sie hängt von der Erziehung, Körperpflege, Veranlagung und von der Fähigkeit ab, Erlebnisse zu verarbeiten. Wer „ein dickes Fell" hat, ist gewiss nicht sehr sensibel. Die Haut erscheint als äußeres, sichtbares Zeichen für manche seelisch-körperlichen Vorgänge, die mit ihr „auf den Markt getragen" werden, also unverhüllt zu sehen sind: Aknen, Quaddeln, Ekzeme, Schuppen.

Das Zentralnervensystem und die Haut sind aus der gleichen Keimanlage geschaffen; demzufolge reagiert nicht nur das Nervensystem, sondern auch die Haut auf seelische Belastungen.

Es ist bekannt, dass die Pubertätsakne im Gesicht und am Rücken des Heranwachsenden einmal ein Ergebnis der Talgdrüsensekretion ist, zum anderen sich bei seelischen Problemen verstärkt zeigt und gegen alle medizinischen Methoden hartnäckig durchsetzt. Im Allgemeinen verschwindet sie, sobald der Betreffende aus der Erregungsphase der Pubertät in die erste Ruhepause des Erwachsenenalters hinübergetreten ist.

Die verbreitete *Psoriasis* (=Schuppenflechte) lässt zunächst keine psychische Ursache erkennen, findet sich aber häufig bei Menschen, die unter dem Verlust einer geliebten Person leiden. Allerdings weiß ich nicht, ob hier die Krankheit Ursache des seelischen Leidens ist oder umgekehrt. Hier liegen noch keine gründlichen Untersuchungen vor. Die Psoriasis ist eine Erbkrankheit und somit oft aus dem Bereich der psychosomatischen Störungen ausgeklammert.

Die *Neurodermitis* ist eine chronische, juckende, oberflächliche Hautentzündung, die schon bei Säuglingen zu finden ist, weshalb man den psychogenen Anteil zu übersehen geneigt ist.

Die Persönlichkeitsstruktur solcher Patienten ist vom Bedürfnis nach Anerkennung und Erfolg geprägt, auch von einer dauernden Gespanntheit und Reizbarkeit. Die Beziehung zur Mutter ist oft erkennbar insoweit gestört, als Berührungen auf ein notwendiges Mindestmaß reduziert sind. Schon ein Säugling kann im Fall einer angeborenen erhöhten Hautsensibilität auf Ängste der Mutter abnorm reagieren. Ich erlebe immer wieder Mütter, auch Kinderschwestern und Erzieherinnen, die dann eine als Ängstlichkeit getarnte Feindseligkeit an den Tag legen, wenn sie selber noch eine infantile Persönlichkeit sind.

Sie tun sich schwer, Kinder zu berühren. „Das, was von ihnen ausgeht, entspricht weder ihrer inneren Einstellung noch ihren Handlungen gegenüber dem Kind", sagte der bekannte Pädagoge Rene Spitz.

Eine große Bedeutung kommt dem Kratzen zu. Die Patienten lenken die Aufmerksamkeit der Umgebung auf ihren Körper, um mehr Zuwendung zu bekommen. Beim Kratzen spielen latente feindselige Gefühle eine Rolle, die gegen sich selbst gerichtet werden – aus Angst, anderen, etwa der Mutter, weh zu tun. Eine von mir befragte Mutter bemerkte: „Mein Sohn war immer schon sehr zerbrechlich und sensibel. Oft habe ich mich nicht getraut, ihn fest anzupacken." Hier verbirgt sich möglicherweise unter dem Anschein von Fürsorge eine unbewusste Ablehnung, die ihrerseits mit der Lebensgeschichte der Mutter zu tun hat. Konflikthafte Partnerbeziehungen stehen in Verbindung mit der Ausbreitung der Ekzeme. Zwei Gruppen lassen sich erkennen:

– Bei verdeckter Störung der Zweierbeziehung beschränken sich die Ekzeme vorwiegend auf den Kopf- und Gesichtsbereich.
– Bei erkennbarer, bewusster Störung dehnt sich der Befall auf Oberkörper und Oberschenkel aus.

Psychotherapie, aber auch äußerliche Maßnahmen wie Sonnenbestrahlung (Solarium) und Salben sind angezeigt.

Der Juckreiz ist typischerweise bei reizbaren, ängstlichen und aufgeregten Menschen zu finden, wobei Schuldgefühle, Ärger und sexuelle Unruhe einhergehen. Manche verspüren beim Kratzen einen gewissen Lustgewinn, bekommen aber gleichzeitig Schuldgefühle, weil sie sich wieder mal wundgekratzt haben, und greifen als Bestrafung sozusagen die Haut von neuem an, indem sie kratzen. Ein Teufelskreis, der durch lokale Behandlung nicht immer geheilt wird. Den ersten Schritt zu einer Besserung kann eine analytische Therapie vermitteln: die Aufdeckung möglicher Probleme, vor allem von Störungen der zwischenmenschlichen Beziehungsfähigkeit. Gleichzeitig ist eine medizinische Behandlung wichtig, damit durch das Erlebnis der äußerlichen Besserung das Selbstbewusstsein gestärkt wird.

Hysterische Auffälligkeiten
Ein 17-jähriges Mädchen pflegte stets in Konfliktsituationen – wenn es Streit gab oder wenn es Angst hatte, sich nicht durchsetzen zu können – in Ohnmacht zu fallen. Die besorgten Eltern und der nicht minder verunsicherte

Freund versuchten dann, alle Probleme aus dem Weg zu schaffen, um das „arme Kind" nicht mehr zu beunruhigen. Und genau das war auch der Zweck dieser Hysterie.

Das Mädchen hatte infolge einer Verwöhnung nicht gelernt, sich den Problemen des Lebens zu stellen. Es fiel einfach um. Seine Standhaftigkeit in Krisensituationen war nicht ausgeprägt. Erst als ich diesen Mechanismus in Anwesenheit des Mädchens der Familie erklärte, hörten die Ohnmachtsanfälle auf. Allerdings fand lediglich eine Symptomverwandlung statt; denn nun klagte die junge Dame allmorgendlich über Migräne und Brechreiz.

Ein 16-jähriger Schüler kam wegen plötzlicher Erblindung in die Praxis seines Hausarztes. Der fand nichts und erklärte kurzerhand den Buben zum Simulanten, weil er nur an den Schulvormittagen über eine Fastblindheit klagte, die am Nachmittag verschwand. Die Vermutung lag nahe, dass er sich so einen Grund verschaffte, der Schule fernzubleiben. Nichts half. Als er vor mir saß, wusste ich auch nicht weiter. Ich ließ mir sein halbes Leben erzählen und wurde fündig: Eines Tages trat eine neue Schülerin in die Klasse und wurde vom Lehrer neben ihn gesetzt. Das Mädchen kokettierte mit seinen Reizen und verunsicherte den Jungen total. Der, von strenger Moral geprägt, geriet in arge Gewissensnot, als sie auch noch im Minirock erschien. So zwang sich der Junge nun zum ständigen Wegschauen und wäre lieber blind gewesen. Dieser unterbewusste Wunsch, aus der seelischen Not geboren, erfüllte sich über Nacht. Prompt konnte er am folgenden Morgen nicht mehr sehen.

Hier haben wir es mit zwei klassischen Hysterikern zu tun: Ein seelischer Konflikt verwandelt sich in einen körperlichen. Diese Verwandlung (Konversion) heißt auch Konversionsneurose.

Hysteriker haben sehr unterschiedliche Charaktere; allen gemeinsam ist die Angst, festgelegt zu werden, sich nicht mehr verändern zu können. Sie suchen nach Zuwendung, wenn es sein muss, mit sehr theatralischen Mitteln. Sie sind auf sich selber fixiert, fast bindungsunfähig, weil die Verbindlichkeit wiederum Angst macht. Narzisstische Störungen liegen zugrunde, d.h. eine neurotische Selbstverliebtheit, wie sie der griechische Jüngling Narziss zeigte, der sein Spiegelbild im Wasser küssen wollte und dabei ertrank.

Wenn Männer ihren laut schreienden und zeternden Ehefrauen nachrufen, sie möchten nicht so hysterisch sein, dann trifft das natürlich nicht die Sache. Schreien ist noch kein Ausdruck von Hysterie. Das Wort selbst bedeutet: Gebärmutter. Hippokrates (um 400 vor Chr.) war der Meinung, dass eine wandernde Gebärmutter Grund wäre für die unterschiedlichen Frauenleiden. Heute wissen wir, dass auch Männer hysterisch sein können, also oberflächlich, sich gut in Szene setzend, ängstlich vor allem, was nach Veränderungen verlangt.

Zu den hysterischen Formen werden auch die Seufzeratmung, die Hyperventilationstetanie und die Tics (z.B. Zuckungen im Gesicht oder am Fuß oder grimassierendes Verhalten) gezählt, ebenso die Pseudologia phantastica, jene Lügenmärchen, die pubertierende Mädchen über ihre Lehrer erzählen. So gab eine Schülerin vor Gericht zu, dass sie erotische Geschichten über ihren Lehrer verbreitet habe, weil sie verliebt war und diese Phantasien zur Wirklichkeit machen wollte.

Hysterische Neurosen sind schwer heilbar, wie alle Persönlichkeitsstörungen. Diese Menschen müssen lernen, sich der Realität zu stellen, die eigenen Grenzen zu akzeptieren und das zu üben, was mit Bescheidenheit gemeint ist. Außerdem müssen die verborgenen Angst- und Schuldgefühle erkannt werden. Medikamente oder Entspannungsmethoden sind ohne Wirkung. Heute wird der stigmatisierende Begriff der Hysterie nicht mehr benutzt; man spricht von dissoziativen Persönlichkeiten, von Menschen, die in ihren Empfindungen und Äußerungen gestört sind.

Der Fall der Jairus-Tochter, den uns Markus berichtet (5,22 ff.), könnte auf eine dissoziative Störung zurückzuführen sein: Das pubertierende Mädchen ist das einzige Kind eines Bürgermeisters, steht also im Schatten ihres wohl dominanten Vaters und hat keinen Freund. Sie kann dem Leben nicht standhalten und scheint wie tot. Jedoch: „Sie schläft", sagt Jesus zum allgemeinen Gelächter der Leute. Er rührt sie an und ruft ihr zu: „Mädchen, steh auf!" Er nimmt sie bei der Hand und richtet sie wieder auf. Die persönliche Zuwendung und Berührung löst es aus seiner emotionalen Starre.

Zwänge

Frau Weiser ist mit ihren Nerven fertig. Sie wäscht sich ihre Hände kaputt, bis zu dreißigmal am Tag; sie kontrolliert dauernd, ob die Kochplatte auch wirklich abgestellt und das Garagentor hundertprozentig verschlossen ist. Sie kommt gegen diese Zwänge und Ängste nicht an. Ihr Verstand sagt klar, was das für ein Unsinn ist, doch ihr Herz ist voller Unruhe, wenn sie dem Verstand glaubt.

Herr Zander leidet unter fürchterlichen Gewissensqualen: Immer, wenn er in einer Kirche sitzt oder ein Kreuz sieht, überfällt ihn der Drang, fluchen zu müssen; manchmal quälen ihn obszöne Gedanken und perverse Phantasien. Das veranlasst ihn zu noch mehr Gebeten, um solche „Schuld" abzubüßen. Dann aber mehren sich die schlimmen Gedanken. Er dreht sich im Kreis. Er glaubt, verdammt zu sein.

Frau Ellwig ordnet alles nach genau vorgedachten Strukturen; alles muss penibel und korrekt auf dem Tisch liegen, seine Ordnung haben. Ungeordnete Teppichfransen kann sie nicht ertragen. Alles fing an, nachdem sie schwanger wurde.

Wir kennen alle solche Zwänge. Es gibt nichts, was nicht zum Zwang werden könnte: Zähl-, Putz-, Kontroll-, Läster-, Wasch-, Schreizwang oder der Antrieb, auf Brücken jemanden herunterzustoßen. Alles und jedes kann sich in die Seele schleichen und das Denken vergiften.

Manchmal liegen Zwänge und Wahnvorstellungen dicht beieinander; das erschwert die genaue Diagnose. Jahrelange psychoanalytische Therapien vermögen nicht zu helfen. Auch Medikamente machen es nicht immer. Verhaltenstherapeutische Maßnahmen führen eher zum Erfolg (so das Resultat nach 13-jähriger Forschung an der psychiatrischen Uni-Klinik Hamburg). Gibt man gleichzeitig Antidepressiva oder Neuroleptika, erreicht man gar nichts. Aber Fluctin (Prozac) beispielsweise bzw. Medikamente, die die Produktion von Serotonin anregen, zeigen Erfolge. Das lässt den Schluss zu, dass Zwänge sowohl genetisch als auch umweltbedingt sind. Ein zu niedriger Serotoninspiegel kann den Drang zwanghaften Tuns fördern. Eine falsche, überempfindliche Pädagogik und angstbesetztes Lernen sind Mitverursacher von zwangsneurotischen Verhaltensweisen.

Wer jahrelang aus religiösen Gründen seine Aggressionen und seine Bedürfnisse herunterschluckt, sich also um der Harmonie willen überanpasst, muss sich nicht wundern, wenn er plötzlich bei den frommsten Anlässen flucht. Manche ängstlichen Christen wittern hinter solchen Phänomenen eine diabolische Besetztheit. Das ist aber nicht der Fall. Hier suchen sich die lebenswichtigen aggressiven Impulse einen Notausgang; meist richten sie sich dann gegen jene, die die Unterdrückung wünschten.

Zwänge sind Ritualen ähnlich, die dem Menschen in seiner unübersichtlich gewordenen Welt Überschaubarkeit und Kontrolle geben. Insofern vermitteln Zwangshandlungen für eine kurze Zeit ein Gefühl von Sicherheit. Doch der Preis dafür ist zu hoch; das Leben wird eingeengt und keineswegs sicherer. Es fällt auf, dass bei Zwangskranken häufig Frustrationen und unbefriedigte Machtbedürfnisse eine Rolle spielen. Es geht darum, eine Situation durch Kontrolle in den Griff zu bekommen, aber in Wahrheit hat die Kontrolle den Menschen im Griff.

Was hilft? Bewährt hat sich eine kombinierte Therapie von Umlernen (Verhaltenstherapie), Konfrontation mit der angstbesetzten Situation (Flooding bzw. Reizkonfrontation) und Medikamentierung (70%ige Erfolgsquote).

Ess-Störungen

Wenn ein Essverhalten das Leben eines Menschen bestimmt, wenn es also das alles beherrschende Thema im Leben dieses Menschen ist, sprechen wir von einer Ess-Störung. Wir unterscheiden die Magersucht (Anorexia nervosa) und die Ess-, Brechsucht (Bulimie). Die reine *Fettleibigkeit* (Adipositas) zählt nicht dazu; hier vermuten die Forscher genetische Hintergründe. Amerikaner fanden bei vielen übergewichtigen Personen Antikörper gegen das Virus Ad-36, während sie den Adenovirus bei den Schlanken nicht fanden. Dieser Virus senkt den Cholesterinspiegel, dennoch steigt das Körperfett. Warum das so ist, wird gerade erforscht. Im Grunde handelt es sich hierbei um einen gewöhnlichen Grippevirus. Wenn die Vermutung der amerikanischen Wissenschaftler stimmt, dann wäre die Fettsucht eine Infektionskrankheit. Denn Adipositas-Patienten essen nicht mehr oder weniger als Normalesser. Bei Tierversuchen fand man heraus, dass sich dieser Virus nur im Fettgewebe, nicht aber im Muskel aufhält. Bis zur vollständigen Klärung der Ursache bleibt den Dicken also nur das bewährte Hausmittel: vernünftige Ernährung und genügend Bewegung.

Die *Magersucht* betrifft nicht nur die jungen Frauen; auch das „starke" Geschlecht ist diesbezüglich im Vormarsch. Selbst wenn diese Hungerleider nur noch Haut und Knochen sind, signalisiert ihre fast psychotische Körperwahrnehmung ihnen, dass sie zu dick sind. Das Schönheitsideal hat sich in den letzten 70 Jahren verändert. Die Miss America wurde immer dünner: insgesamt 12% weniger Gewicht. Das entspricht dem BMI von 16,9. (BMI= Body-Mass-Index. Wenn Sie erfahren wollen, ob Sie zu dick oder zu dünn sind, dann rechnen Sie einfach aus:

☞ Körpergewicht [kg] : Körperlänge zum Quadrat [m²].

Also 60 kg : 1,70 m² = 20,8. Ein gesunder BMI liegt zwischen 19 und 25.) Die Vermutung einer genetischen Ursache liegt auf der Hand, ist aber noch nicht bewiesen. Magersüchtige haben sich zum Fressen nicht gern; sie sind auffallend kreativ, ehrgeizig, fleißig, oft sehr intellektuell. Zugleich haben sie ein niedriges Selbstwertgefühl. Sie wollen nicht erwachsen werden, und tatsächlich gelingt es der Psyche, den Körper und die Stimme im kindlichen Zustand zu erhalten. Sie halten sich erst dann für liebenswert, wenn sie perfekt sind. Weil der Körper nicht genügend Vitamine, Ballaststoffe und Mineralien hat, zerstört er sich: die Monatsblutungen hören auf, Karies zerfrisst die Zähne, die Haare fallen aus, Herzrhythmusstörungen und Nierenschäden sind weitere Folgen. Weil der Nahrungsentzug den Ausstoß von körpereigenen Opiaten (Endorphine) fördert, empfindet der Patient den Hungerzustand als angenehm. Wenn das stimmt, ist klar, wieso herkömmliche Therapien wenig helfen. Auf jeden Fall müssen Magersüchtige in eine spezielle, stationäre Einrichtung. Ambulante Therapien kämpfen gegen Windmühlen.

Typisches Merkmal von Anorexie-Patienten ist neben ihrem Perfektionismus eine ausgeprägte Unterwürfigkeit gegenüber der Mutter bzw. der Familie. Die unbedingte Treue zur Familie, die mit Schuldgefühlen einhergeht, sowie verzerrte Wahrnehmung der Wirklichkeit gehören zum psychologischen Muster. Probleme werden unter den Teppich gekehrt. Der Wunsch nach mehr Selbstständigkeit wird als Vergehen gegen die Familie empfunden. So stellt das Hungern auch eine Art Selbstbestrafung dar, eine Form der Schuldenbegleichung. In dieser Beziehungsfalle steckt der Magersüchtige, und die Familie merkt es nicht.

Die *Ess-, Brechsucht* ist einem Menschen äußerlich nicht anzusehen. Er frisst zwar im Heißhunger alles maßlos in sich hinein, um es dann aber sofort wieder zu erbrechen. So ist sich der Bulimiker auf eine andere Weise „zum Kotzen". Meistens wird mit Abführmitteln nachgeholfen. Das Manöver kann zweimal in der Woche stattfinden, aber auch bis zu zwanzigmal am Tag. Sie können ihr Essverhalten nicht unter Kontrolle bringen. Was diese Patienten kennzeichnet, ist ihr Hang zur Gefälligkeit und Bedürfnislosigkeit. Da sie mit diesen „weiblichen" Eigenschaften nicht immer durchkommen, beginnen sie, an sich selbst zu zweifeln. Je mehr sie versuchen, alles richtig zu machen und es allen recht zu machen, desto verfahrener wird die Situation. So ist schließlich alles zum Kotzen.

Weil die Ursachen der Bulimie wie überhaupt aller Ess-Störungen nicht einwandfrei geklärt sind, bleiben Therapien oftmals auf der Strecke. Ich denke, es ist wichtig, sich auf die eigenen Ressourcen zu besinnen, also auf die Frage nach den bulimiefreien Zeiten: Wann war ich frei von diesem Denken? Was hat mich damals getragen und erfüllt? Was will ich künftig für meine seelische Entwicklung tun? Ich rate ab, sich ständig auf das Leiden zu konzentrieren. Hilfreich ist nicht die Frage: Was hat den Kranken krank gemacht? Sondern: Was hat den Gesunden gesund erhalten?

Diabetes mellitus

Die Zuckerkrankheit ist eine häufig vorkommende Störung, bei der auch eine seelische Komponente zu beobachten ist. So vermag emotionaler Stress den Blutzuckerspiegel zu heben; es kommt zur vermehrten Zuckerausscheidung (Hyperglykämie) im Harn, der bei Gesunden sehr rasch ausgeglichen wird, nicht aber bei Kranken.

Mitunter entsteht die überhöhte Zuckerung durch übertriebenes Essen bei frustrierten Menschen; sie befriedigen ihre Konflikte und nicht erfüllten Erwartungen durch Zufuhr von Kohlehydraten. Bei ihnen geht die Liebe sprichwörtlich durch den Magen. Manchmal stehen Fress-Sucht und Fettsucht im Vordergrund. Dauerhafte, meist unbewusste Ängste werden durch Essen abgewehrt, ohne dass eine wirkliche Spannungsabfuhr erfolgt. Emotionen werden mit dem Essen heruntergeschluckt; nach außen hin haben wir es mit „beherrschten" Personen zu tun, in Wahrheit liegt eine Verdrängung vor. Es kommt zur Überzuckerung und später dann zu einem Diabetes.

Psychische Hintergründe sind nicht alleinige Ursachen; vermutlich liegen auch konstitutionelle Faktoren vor, also Veranlagung, genetisch bedingte Stoffwechselstörung.

Gerade bei jugendlichen Diabetikern fehlt oft die Bereitschaft zur konstruktiven Konfliktlösung; sie zeigen vielmehr eine Fluchthaltung, verleugnen gern ihre Krankheit und lehnen die ständige Kontrolle ihres Essens ab. Weil aber die Spätfolgen dieser Krankheit gravierend sein können (Netzhautschädigungen, Amputationen, Impotenz), muss eine strenge Diät eingehalten werden. Es zeigt sich, dass überbeschützende Familien eher ein Hindernis sind für die Annahme von Hilfe. Junge Menschen wollen sich einerseits abnabeln und sehen sich andererseits ständig genötigt, die Freiheit von der „Diktatur der Erwachsenen" einzutauschen gegen den Zwang der täglichen Ernährungskontrolle. So ziehen sie es vor, ihre Erkrankung herunterzuspielen und „normal" zu leben.

Während der Jugenddiabetes zu wenig Insulin produziert und durch Insulinspritzen den Mangel ausgleichen muss, produziert der Altersdiabetes zu viel Insulin. Die Zellen werden resistent und vermögen das Insulin nicht mehr zu verwerten. Das kann zum Tod führen. Deshalb sind vorbeugende Maßnahmen wichtig. Weil 90% der Fettleibigen

Diabetes haben (aber nicht alle Diabetiker fettleibig sind), und zwar jene, die eine apfelförmige Fettansammlung haben (Bauch, Hüfte), ist eine fettarme Ernährung erforderlich: viel Gemüse, Obst und (lachen Sie nicht) Körner; dazu Sport, denn körperliche Aktivität setzt den Zuckerspiegel herab. Und natürlich: Rauchen ist tabu, da Nikotin den Spiegel erhöht.

Unspezifische Schmerzen

Schmerzen haben uns immer etwas zu sagen. Wer sie nur symptomatisch zu bekämpfen versucht, verstärkt sie unter Umständen. Wer sich abzulenken weiß, mag sie kurzfristig mindern. Die beste Methode, sie auszuhalten, ist die bewusste, detaillierte Wahrnehmung der Schmerzen. Das haben Experimente mit Schmerzpatienten ergeben. Es klingt paradox, ist aber offenkundig: Die pure Unterdrückung ist der nutzloseste Weg, den Schmerz zu beheben. Denn die meisten Schmerzen, die keine organisch nachweisbaren Ursachen haben, rühren von einer langen Unterdrückung von Bedürfnissen oder Gefühlen her. Vielleicht mag es aber auch nur die falsche Handhaltung an der Tastatur sein oder die zu weiche Matratze oder der zu tiefe Arbeitstisch.

Schmerzen entstehen auch nach einer langen Überforderung; das überstrapazierte Durchhaltevermögen streikt und somatisiert sich, d.h. es setzt sich am Körper fest und signalisiert Protest. Wut, Angst, Verbitterung ... können zur Verkrampfung der Rücken-, Lenden- oder Bauchmuskulatur führen; auf Dauer kommt es zu Verspannungen und Schiefhaltungen. Liegen dem unerfüllte Wünsche zugrunde? Sind diese Wünsche elementar oder verzichtbar? Elementare Wünsche sind unsere Sehnsüchte nach Geborgenheit und Liebe, verzichtbare Wünsche sind eher materieller Art oder auf überhöhtem Ehrgeiz beruhend.

Manchmal stehen Menschen an der Kreuzung ihres Lebens, die sie zu wichtigen Entscheidungen aufruft. Wer ihnen ausweicht, kann buchstäblich Kreuzschmerzen bekommen. Gelegentlich werden sie von entsprechenden Träumen begleitet, in denen der eigene Tod geträumt wird. Das weist nicht auf den bevorstehenden physischen Tod hin, sondern auf eine bevorstehende Verwandlung und Veränderung des Lebens: Der Betreffende muss sich von etwas lösen oder einen Entwicklungsprozess gestatten.

Ein weit verbreitetes Übel sind Schmerzen im Lendenbereich. Untersuchungen in Washington und Ontario an 3000 Personen ergaben einen aufschlussreichen Hinweis: Personen, die mit ihrem Job unzufrieden waren und diesen Frust leugneten, zeigten das höchste Risiko für Rückenschmerzen. Zu große Sorgen, die nicht abgeladen wurden, und pessimistische Lebenseinstellungen waren typische Wegbereiter solcher Schmerzen. Wen wundert es? Wer immer seinen Buckel hinhält, muss mit Problemen rechnen.

Wer nun glaubt, viel Bettruhe und Nichtstun wären die besten Methoden, der Schmerzen Herr zu werden, irrt. Längere Bettruhe kann die Rückenprobleme noch verstärken. Suchen Sie die mögliche seelische Ursache. Eine richtige Atmung, ein Gutsein auch zum Körper und zur Seele vermögen manches zu bessern. Doch nicht alle Schmerzpatienten müssen nun verzweifelt auf den Schrei ihrer Seele hören. Denn mancher hat einen Hypocortisolismus, d.h. sein Immunsystem bildet verstärkt Stoffe wie Interleukin-1 oder -6. Dem kann man eventuell mit Cortisolspritzen abhelfen, sofern die Nebennierenrinden zu wenig Cortisol produzieren. Sie sehen, nicht alle Störungen des Körpers sind seelisch bedingt; man darf nicht ausschließlich psycho-somatisch denken, sondern auch somato-psychisch. Bisweilen wird die Seele krank, weil es der Körper ist.

ÜBERSICHT:
ORGANSPRACHE & TYPISCHE STÖRUNGEN

Im Folgenden sind alle gebräuchlichen Redensarten, die sich auf verschiedene Organe beziehen und auf die möglichen seelischen Ursachen schließen lassen, angeführt. Dabei ist der bisweilen treffende und aufschlussreiche Ausdruck im deutschen Sprachschatz keineswegs ein Zufall, sondern Ergebnis unbefangenen, volkstümlichen Denkens. Auch im Französischen, Englischen und Italienischen gibt es viele deckungsgleiche Redewendungen.

Kopf

Zu Kopf steigen. Sich den Kopf zerbrechen. Sich etwas in den Kopf setzen. Mit dem Kopf durch die Wand. Jemand die Stirn bieten. Dickkopf. Etwas bereitet Kopfschmerzen.

Kopfschmerzen und Migräne als Folgen eines starken Leistungsdenkens bei gleichzeitiger Versagensangst.

Nase

Jemanden nicht riechen können. Verschnupft sein. Die Nase voll haben von etwas. Einen guten Riecher haben.

Schnupfen als Folge von Ärger und Enttäuschung.

Hals, Nacken

Sich zu viel aufhalsen. Halsstarrig. Faust im Nacken fühlen. Waghalsig. Er bekommt den Hals nicht voll genug. Es steht ihm bis zum Hals. Geizhals. Das bricht ihr noch den Hals/das Genick.

Schmerzen in der Hals-Nacken-Zone als Folge sturer und ehrgeiziger Lebenshaltung.

Atmung, Luftröhre

Es bleibt einem der Atem
weg. Es verschlägt einem den
Atem. Es liegt auf der Brust.
Jemanden anblasen oder an-
pfeifen. Dampf ablassen. Er
wird dir etwas husten. Sie
hört die Flöhe husten.

Asthma, Bronchialkatarrh
und chronischer Husten als
Folgen erdrückender Mutterliebe, Bevormundung oder
unterdrückter Aggression.

Herz

Es gibt mir einen Stich ins
Herz. Man nimmt sich etwas
zu Herzen. Hochherzig.
Kaltherzig. Mit blutendem
Herzen. Mit ganzem Herzen
dabei sein. Auf Herz und
Nieren prüfen. Sich ein Herz
fassen.

Herzstechen, Herzflimmern
und Herzneurose als Folgen
gestörter Liebe und Angst vor
Einsamkeit, Partnerverlust.
Harmoniesucht.

Magen, Verdauungsorgane

Der Magen dreht sich um.
Er frisst sich ein Loch in den
Magen. Sie reagiert sauer. Es
schlägt auf den Magen. Ich
kann es schwer nur verdauen.
Es ist zum Kotzen. Das bleibt
im Hals stecken. Es kommt
einem hoch. Der kriegt den
Hals nicht voll genug. Wut
im Bauch haben.

Magenschmerzen und Ver-
dauungsstörungen als Folgen
einer Sucht nach Liebe;
Folgen von verdrängten
Aggressionen und Ängsten.

Galle

Ihr läuft die Galle über. Gift
und Galle spucken. Grün und
blau ärgern.

Gallenkoliken, -steine, Ärger,
Wut und aggressive Ohn-
macht.

Nieren

Das geht an die Nieren. Auf Herz und Nieren prüfen.

Folgen emotionaler Betroffenheit, Schock.

Stuhlgang

Das ist eine schöne Bescherung. Korinthenkacker. Jemanden anscheißen. Mit Geld bescheißen. Ich habe Schiss davor. Einen Anschiss bekommen.

Verstopfung als Folge einer Hingabestörung. Durchfall als Zeichen von Angst und Wut.

Kreuz – Rücken

Sich etwas aufbuckeln. Buckel hinhalten. Sich steif halten. Sein Kreuz tragen.

Rückenschmerzen als Folge seelischer Last. Nicht nein sagen können.

Blut – Kreislauf

Das Blut stockt/erstarrt/kocht in den Adern. Kalt-, heißblütig. Blut schwitzen.

Kreislauferkrankungen. Folge von Angst oder Aggressionen.

Zähne – Kiefer

Auf die Zähne beißen. Die Zähne zeigen. Sich (in) etwas verbeißen. Sich daran die Zähne ausbeißen. Mit den Zähnen knirschen.

Kiefer- und Zahnerkrankungen aufgrund verdrängter Aggressionen. Überhöhter Ehrgeiz.

ZU GUTER LETZT

Was muss ich tun, um Lebensqualität zu erhalten?

Zunächst einmal das, was Sie *nicht* tun sollten: lange schlafen, viel Nichtstun, gut essen und den Mitmenschen zeigen, wo es lang geht. Auch dies ist nicht zu empfehlen: zu wenig schlafen, viel malochen, Ärger runterschlucken und Beruhigungspillen oder Leistungspillen einnehmen, dann am Abend noch zehn Kilometer joggen; und dieses auch nicht: Stets Ja und Amen sagen, sich allen anpassen und jedwede Frustration mit vielen Gebeten zudecken.

Wie wäre es damit: Legen Sie sich ein stabiles Selbstwertgefühl zu, geben Sie etwas Zuversicht hinein und unterstützen Sie alles mit einem ausgefüllten Arbeitspensum. Machen Sie zwischendurch Pausen und nehmen Sie die Frustrationen des Alltags nicht zu wichtig. Beim Essen sollte es Ihnen schmecken (aber nicht zu sehr) und sportliche Betätigung sollte regelmäßig, aber mäßig sein. Wenn Sie dann auch noch günstige Gene geerbt haben, können Sie glücklich uralt werden. Falls Ihr Schöpfer nicht andere Pläne hat.

Vergessen Sie vieles von dem, was Glücksversprecher schreiben, z.B. dass positives Denken alles vermag. Da haben Joseph Murphy und sein Schüler Erhard Freitag, Norman Vincent Peale und Dale Carnegie ein bisschen dick aufgetragen. So ein positives Denken kann sogar schaden – nämlich dann, wenn einer merkt, dass die Rezepte nicht greifen. Und wenn es nicht gelingt, muss er das nicht seiner Unfähigkeit oder fehlenden Motivation zuschreiben. Diesbezüglich ist schon viel Unglück über die Positivdenker gekommen. Denn wer etwas besonders stark vermeiden will, provoziert es herbei. Wer es besonders heftig erreichen möchte, gerät rasch in eine verkrampfte Position. Es ist besser, seinem Gott zu vertrauen und seinen bescheidenen Teil beizutragen, etwa durch Gebet, Bereitschaft zum Verzeihen (auch sich selbst gegenüber) und gelebte Liebe.

Menschen, die sehr alt wurden und dabei ihre Lebensqualität erhalten haben, wiesen alle ausnahmslos ein le-
benslängliches strenges Arbeitspensum auf, einschließlich
einer meist religiös oder sozial motivierten Sinngebung. Sie
lebten bescheiden (auch wenn sie reich waren); sie waren
kreativ und behielten eine gewisse Portion Eigensinn. Sie
waren also nicht zu angepasst, eher schon mal eigenbrödle-
risch, kauzig, originell, mutig und couragiert. Es war ihnen
nicht so wichtig, was andere über sie dachten. Im Fall von
kritischen Lebensphasen nahmen sie Zuflucht zum Glauben (alte Menschen sind die intensiveren Beter).

Nun garantiert eine solche Denk- und Lebenshaltung
kein langes oder leidbefreites Leben, eher schon den Him-
mel; aber sie ist genau jene Basis für gelingendes Leben, die
man in Studien der Weltgesundheitsorganisation heraus-
fand. Hier nochmal die Faktoren in der Reihenfolge ihrer
Wichtigkeit:

- angstfreie Gottesbeziehung,
- positive Lebenseinstellung,
- gesunde Ernährung,
- befriedigende Arbeit,
- sportliche Aktivität,
- genügend Schlaf.

Es gibt ausreichende Beispiele, die beweisen, dass Menschen, die von ihren Ärzten als hoffnungslos aufgegeben
waren, noch viele Jahre zufrieden lebten, weil sie ihr Immunsystem durch eben jene Faktoren stärkten.

Leben religiöse Menschen gesünder?
Das kommt auf die Qualität des religiösen Denkens und
Handelns an. Der Glaube an einen liebenden und beglei-
tenden Gott ist tatsächlich gesundheitsfördernd, wie mehr-
fache Untersuchungen in Amerika ergeben haben. Wenn
jedoch das Gottesbild angstbesetzt ist oder leistungsfor-

dernd, dann tritt der gegenteilige Effekt ein. Das verführt so manchen ungläubigen Arzt oder Psychologen zur Meinung, der Patient könne nur gesunden, wenn er diese Religiosität ablegt, aus seiner Kirche austritt oder einfach mal so richtig „die Sau rauslässt". Diese Empfehlung ist gefährlich, da sie bei manchem neuerliche Schuldgefühle auslöst und ganz und gar nicht zur Befreiung von den Symptomen führt. Was entsorgt werden muss, ist das falsche Gottesbild.

In einer zehnjährigen Studie mit 2700 Personen stellte sich heraus: Aktive Mitgliedschaft in einer religiösen Gemeinschaft sowie regelmäßiges Gebet mildern gesundheitliche Risikofaktoren und verlängern das Leben. Bei Herzinfarkt- und Krebspatienten war dies am deutlichsten zu erkennen (National Institute for Health Care Research in Maryland). Allerdings finden heute auch viele Menschen ihre Heilung in außerkirchlichen und außerchristlichen Kreisen. Gemeinsam ist allen der Glaube an ein transzendentes Wesen, an einen Lebenssinn über den Tod hinaus. Die vertrauensvolle Hingabe an einen liebenden Gott vermag eine Krankheit besser zu ertragen und umzudeuten, während ein ichzentriertes und konfliktfixiertes, berechnendes Beten für die Gesundheit abträglich ist. Religion ist mehr als Opium fürs Volk: Sie bietet mit ihren Festen einen Rhythmus im Jahreslauf, mit ihren Gebetszeiten ein gewisses Regelmaß, eine soziale Verbundenheit mit stressmindernder Wirkung – und vor allem: Sie richtet den Blick über den Tod hinaus; das hat mit billiger Jenseitsvertröstung nichts zu tun. Es ist das Hoffnungspotential (ewiges Leben in Freude, Wiedersehen der Freunde, Freisein von negativen Einflüssen ...) eines jeden suchenden Menschen. Der Mensch ist hoffnungs*voll* religiös.

Wo der Mensch den Bezug zu einem personalen, liebenden Gott verloren hat, geht er auf die Suche nach einem Ersatzgott. Da gibt es genügend Angebote auf dem Markt esoterischer Seelentrips und Heilsversprechungen. Und sollten alle Gurus versagen, so bleibt für viele Enttäuschte immer noch die Rückkehr in den geistlichen Schoß ihrer Kirche – oder die Hoffnung auf die vermeintliche Selbsterlösung durch Reinkarnation.

Christen müssten eigentlich eine gesündere Lebenspraxis aufweisen, denn ihre Lehre ist therapeutischer Natur – sie müssten fairer und konstruktiver streiten können, sie müssten sich rascher versöhnen können und sie müssten infolge der Großzügigkeit ihres Gottes mehr Zuversicht an den Tag legen. Doch leider schaut die Praxis anders aus: Sie sind ebenso unfähig zur offenen, versöhnlichen Auseinandersetzung wie andere auch; sie sind leider zu schnell beleidigt und gekränkt; sie missbrauchen ihre therapeutische Religion zu einer moralistischen, strafenden, lebenseinengenden Ideologie. So was macht krank. Jene, die die christliche Idee tatsächlich verwirklichen, leben gesünder und länger. Natürlich sind auch sie nicht befreit von Krankheit und Leid. Doch der psychogene Anteil ihrer Erkrankungen ist weitaus geringer. Dabei spielt das Gebet eine entscheidende Rolle.

Messungen, die sowohl die Amerikaner als auch die Franzosen bei betenden Menschen durchführten, zeigten deutliche positive Schwingungen und stabilere Werte als bei ungläubigen und nichtbetenden Menschen. Dies wäre gewiss ein Grund für die Krankenkassen, den gläubigen Patienten einen Bonus zu gewähren, hat doch das regelmäßige Gebet einen erwiesenen prophylaktischen Wert.

Machen Verfluchungen und magische Riten krank?

Ja – können sie. Aber von hundert Menschen, die meinen, verflucht worden zu sein, sind es vielleicht nur zehn oder weniger. Die Probleme der anderen neunzig lassen sich psychologisch und medizinisch erklären; meist handelt es sich um sehr sensible Personen, die für ihre Probleme keine anderen Erklärungen haben.

Diese Menschen deuten jedes unerklärliche Phänomen in einseitiger Sicht und suchen nun nach einem Priester, der sie „vom Teufel befreit", also exorziert. Manchmal vermischen sich auch psychische und geistliche, physische und geistige Faktoren. Erst wenn der Arzt und der Psychologe nichts Plausibles finden und wenn der Betreffende einen hochgradigen Verdacht auf negatives Einwirken von Menschen oder geistigen Wesen hat, sollte ein Priester in Zusammenarbeit mit einem Therapeuten tätig werden.

Ich habe das Problem der Verfluchungen, der dämonischen Einwirkungen und ihrer Behandlung in meinem Buch »Verwünscht, verhext, verrückt oder was?« (Stuttgart, 3. Aufl. 2000) ausführlich dargelegt.

Besonders typisch sind Störungen verschiedener Art, wie Blockaden beim Gebet, bei der Arbeit; das Gefühl, gesteuert oder auch berührt zu werden; medizinisch nicht erklärbare Kältegefühle; Gesichter bzw. Fratzen sehen; seltsame Vorkommnisse in der Wohnung ...

Sofern die betreffende Person geistig klar ist und alle medizinischen Befunde negativ ausfallen, gibt es keinen Grund, sie nicht ernst zu nehmen. Hier fehlt es immer noch sehr an verständnisvollen Ärzten, Psychologen und Priestern. Inzwischen wird diese Not immer mehr erkannt, sogar im Internationalen Schlüssel der Krankheitsbilder ist inzwischen der Begriff „geistliche Störungen" aufgenommen worden, und zwar nicht als ausschließlich pathologisches Problem, sondern als ein Problem auch der medizinisch und psychisch Gesunden.

Mitunter suchen diese von der Kirche immer noch allein gelassenen Menschen Hilfe bei fragwürdigen Gurus oder Gesundbetern und kommen dann mit noch schlimmeren Symptomen zum Arzt. Manches ist einsuggeriert, Folge einer angstbesetzten Erwartungshaltung, so genannte Self-fulfilling-prophecy (eine sich selbst erfüllende Prophezeiung).

Eine Zigeunerin bettelte eines Tages an der Tür von Frau Stiller. Nachdem sie ihr einen kleinen Geldbetrag gab (wahrscheinlich nicht groß genug), offenbarte die Zigeunerin ihr, dass ein Fluch auf ihr laste. Für 200 DM könne sie aber den Fluch aufheben. Darüber erschrocken, ging Frau Stiller auf dieses Angebot ein. Trotz, ja gerade wegen dieses Vorfalls verfiel sie in tausend Ängste und interpretierte nun jedes Unglück, jedes Missgeschick als Frucht des Bösen. Ein Priester konnte sie schließlich beruhigen.

Echte Verfluchungen sind manchmal in ihrer Wirkung nicht zu unterscheiden von einfachen Hassprojektionen. Sensible und ängstliche Gemüter leiden darunter mehr als die bodenständigen Typen. Wie viel Neid und Missgunst, die bei Erbstreitigkeiten oder bei verschmähter Liebe ausgestrahlt werden, schädigen solche Gemüter! Allein schon das Wissen um solche Gegner kann der labilen Psyche arg zusetzen.

Kühler Kopf, differenzierte Diagnostik und glaubensvolle Gebete vermögen dem „Spuk" ein Ende zu bereiten.

Was ist mit Wasseradern und Erdstrahlen?

Wir verdanken der österreichischen Radiästhetin und Hauptschullehrerin Käthe Bachler wertvolle Erkenntnisse in Bezug auf krankmachende Erdstrahlen und Wasseradern. Zwar gibt es immer noch die ewig Gestrigen, die meinen, so etwas gäbe es nicht; aber sie werden inzwischen auch von der Wissenschaft eines Besseren belehrt. Französische und englische Strahlenforscher hatten bereits in den 30er Jahren die Wirksamkeit solcher Störzonen festgestellt. Heute bedienen sich Ingenieure und Baubiologen verschiedener Apparate, um Störzonen zu messen.

Die Erfolge, die seriöse Rutengänger aufweisen können, füllen Bände. Ganz besonders ist es Frau Bachler zu verdanken, dass Schüler nach dem Versetzen auf einen anderen Platz bessere Leistungen aufwiesen; denn sie saßen tatsächlich auf einer Kreuzung von Wasseradern bzw. Strahlungen (sog. Hartmann- oder Currynetze) und litten unter Konzentrationsmangel und anderen nervösen Symptomen. In einigen Schulen hat man daraufhin den turnusmäßigen Platzwechsel eingeführt – mit guten Erfolgen.

Störzonen sind besonders den Feinfühligen lästig; liegen bereits funktionelle oder organische Erkrankungen vor, können Adern oder Strahlen eine Heilung blockieren bzw. die Krankheit verstärken.

Wenn Sie eine Katze haben, sollten Sie sie im Schlaf- oder Arbeitszimmer den negativen Platz suchen lassen; denn Katzen legen sich mit Vorliebe auf solche Kreuzungen. Stellen Sie also Ihren Schreibtisch oder Ihr Bett stets dorthin, wo die Katze flüchtet. Hunde und Vögel meiden die bestrahlten Stellen. Da wird selbst der bravste Schoßhund ungehorsam und verlässt den ihm vorgeschriebenen Platz, wenn er auf einer Störzone liegt.

Wenn Sie Verdacht auf solche Störzonen haben, verstellen Sie Ihr Bett auf gut Glück und probieren Sie es aus. Mancher kann es selbst testen, indem er sich auf die verschiedenen Plätze setzt und nachfühlt, wie es ihm dabei geht. Abzuraten ist von den meist teuren Abschirmgeräten (Bleche, Gitter, Folien, Drahtgestelle, Elektroapparate ...), die nichts nützen.

Für das Vorhandensein pathogener Störzonen können folgende Anzeichen sprechen:

- Abneigung gegen das Zu-Bett-Gehen;
- stundenlanges Nicht-Einschlafen-Können;
- unruhiger Schlaf, Hin- und Herwälzen im Bett, Angstträume;
- aus dem Bett fallen oder flüchten (Nachtwandel);
- Abgeschlagenheit morgens, unkonzentriertes Arbeiten;
- Missmut, Nervosität, Depressionen, Appetitlosigkeit usw.

Wenn Sie nun meinen, der Umgang mit der Wünschelrute gehöre zum okkulten Bereich und sei für Christen nicht annehmbar (was ich gelegentlich zu hören bekomme), dann darf ich Sie beruhigen. Die Rute ist in der Hand sensitiver Menschen eine Art Antenne, die feine Schwingungen erfassen kann. Viele Mönche haben mit Hilfe der Wünschelrute Wasser geortet und Brunnen graben können. Allerdings sind nur wenige Menschen in der Lage, mit der Rute präzise und aussagekräftige Angaben zu machen.

Wenn Sie mehr wissen möchten, empfehle ich Ihnen das Buch von K. Bachler: »Erfahrungen einer Rutengängerin« (Linz, 15. Aufl. 1997).

Besonders kränkend: erzwungene Rechtshändigkeit

Vor etlichen Jahren noch war es üblich und übel, Linkshänder mit Gewalt umzuschulen, obgleich die Betroffenen und deren Eltern, ebenso Psychologen, das für pädagogischen Nonsens gehalten haben. Aber gegen Behörden ist nur selten ein Kraut gewachsen. Jetzt weiß man es: Die Umschulung stellt nicht nur eine Verletzung der Persönlichkeitsrechte dar, sondern ist auch eine völlig unbrauchbare Manipulation von gesunden, kreativen Menschen. Wenngleich unsere Gesellschaft mitsamt ihren technischen Geräten auf Rechtshänder eingestellt ist, kommen Linkshänder ganz gut klar damit. Inzwischen stellt sich die Industrie auf beide Typen ein.

Es hat sich gezeigt, dass die erzwungene Rechtshändigkeit von angeborenen Linkshändern fatale Folgen für den Betroffenen haben kann. Unerklärliche gesundheitliche Probleme, Verhaltensauffälligkeiten, Kopfschmerzen, Schwindelgefühle, sogar Neurodermitis sowie das Aufmerksamkeits-Defizit-Syndrom (ADS) wurden festgestellt und verschwanden erst nach einer neuerlichen Umschulung, also Rückschulung in die ursprüngliche Linkshändigkeit. Aber nicht immer ist eine Rückschulung sinnvoll.

117

Ebenso können Lese- und Rechtschreibschwäche (Legasthenie) eintreten oder Rechenschwäche (Dykalkulie), auch Nägelkauen und aggressives Verhalten. Ergotherapeuten stellen fest, dass ein hoher Prozentsatz der verhaltensauffälligen Jugendlichen umgeschulte Linkshänder sind.

Linkshänder wurden stigmatisiert, d.h. ausgegrenzt, verspottet. Heute weiß man, dass sie besonders kreative und emotionale Menschen sind, während die Rechtshänder eher zum analytischen Typ zählen. Wer sich vornehmlich am linken Bildrand orientiert und seine Autos nach links fahren lässt, wer ständig den Schlüssel in die falsche Richtung dreht oder Zahlen und Buchstaben vertauscht, ist linkshändisch orientiert.

Adressen christlich orientierter Kliniken & Therapiehäuser
Es ist schwierig, das christliche bzw. religiöse Moment bei therapeutischen Vorgängen zu definieren. Viele Menschen fragen bei mir nach Kliniken und Therapeuten, die ihren Glauben nicht nur ernst nehmen, sondern selber auch im christlichen Sinn Hilfe leisten. Wie aber soll diese Christlichkeit aussehen? Wenn Sie erwarten, dass der Therapeut am Ende der Sitzung mit Ihnen betet oder dass ein täglicher Gottesdienst im Haus angeboten wird, muss ich Sie enttäuschen. Das ist selten. Wenn Sie wollen, dass Ihr Gottesbild oder religiöse Probleme thematisiert werden, so dürfen Sie dies in den hier genannten Häusern erwarten. In manchen davon werden Bibel- bzw. Glaubensgespräche angeboten, auch gemeinsames Beten, Meditationen.

Die im Folgenden genannten Kliniken haben einen guten Ruf, sie sind überkonfessionell orientiert. Gewiss ist die Liste nicht vollständig. Und eine Garantie gibt es auch nicht. Wenn Sie mehr über diese Häuser erfahren wollen, sollten Sie die angegebenen Internetseiten anschauen.

a) Kliniken für Psychosomatik und Psychiatrie

Geeignet für Patienten mit Ängsten, Zwängen, Sexualstörungen, Ess-Störungen, spirituellen Krisen, psychosomatischen Störungen, Depressionen, Suchtproblemen.

Hohe Mark-Klinik, 61440 Oberursel/Taunus, Friedländerstr. 2–10,
✆ 06171 / 2040
Keine Suchttherapie. Evangelische Ausrichtung, Träger: Deutscher Gemeinschafts-Diakonieverband GmbH. Tägliche Andachten und kath./ev. Gottesdienste mit Zeiten der Stille. Internet: www.kleinhohemark.de

De'Ignis-Klinik, 72227 Egenhausen, Waldorferstr. 33, ✆ 07453 / 93910
Freikirchliche Ausrichtung mit charismatischem Einschlag, Bibel- und Glaubensgespräche. Im Glauben sehr engagiertes Personal. Internet: www.deignis.de

Kitzberg-Klinik, 97980 Bad Mergentheim, Erlenbachweg 24, ✆ 07931 / 53160
Patienten bestimmen den Ablauf des Klinikalltags mit. Seelsorger im Haus, Gebetszeiten. Internet: www.ptz.de

Hochgrat-Klinik Wolfsried, 88167 Stiefenhofen, ✆ 08386 / 2072
Klinikseelsorger vorhanden. Gebet und Meditation werden angeboten. Ganzheitliches Konzept nach dem Herrenalber Modell.
Internet: www.hochgrat-klinik.de

Adula-Klinik, 87561 Oberstdorf, In der Leite 6, ✆ 08322 / 7090
Hier wird wie in der Hochgrat-Klinik Wolfsried das sog. Herrenalber Modell angewandt, das ganzheitlich orientiert ist und auch den spirituellen Bereich integriert. Internet: www.adula-klinik.de

Heiligenfeld-Fachklinik, 97688 Bad Kissingen, Euerdorfstr. 4–6,
✆ 0971 / 82060
Integriert ebenfalls die spirituelle Ebene, bietet Meditationen an. Besonders spezialisiert auf religiöse Problembereiche, z.B. auch durch Esoterik und paranormale Phänomene belastete Menschen. Keine Suchtpatienten, keine Suizidgefährdeten, keine neurologische Behandlung.
Internet: www.heiligenfeld.de

Klinik Ringgendorf/Höchsten, 88271 Wilhelmsdorf, Riedhauserstr. 57–93,
✆ 07503/ 9200
Für Suchtkranke von 20–65 Jahren, Ess-Störungen, sexuelle Probleme. Keine Psychosen. Internet: www.zieglerscheanstalten.de

b) Seelsorgehäuser mit therapeutischen Angeboten

Pallotti-Haus, 85317 Freising bei München, Pallottinerstr. 2, ℗ 08161 / 96890
Bildungs- und Exerzitienhaus mit therapeutischer, stationärer Abteilung. An-
gebot der HEILENDEN GEMEINSCHAFT (3 Wochen) und der BLOCK-
THERAPIE (5 Tage). Prospekt anfordern. Internet: www.pallottiner-freising.de

Teen-Challenge-Zentrale, 81379 München, Emil-Geis-Str. 39, ℗ 089 / 7239030
Überkonfessionelle Entzugshäuser mit Teestuben, Wohngemeinschaften,
Reha-Zentren. Für Suchtkranke bis 30 Jahre. Bedingung: Offenheit für
christliche Werte und Bibelarbeit, Gebet. Internet: –

Help-Center, 35232 Dautphetal, Postfach 2163, ℗ 06466 / 7021
Für Menschen bis 25 Jahre mit Suchtproblemen, seelischen Problemen,
okkulten Belastungen, Ess-Störungen. Auch für Schwangere, die ihr Kind trotz
widriger Umstände austragen wollen. Internet: www.help-center-ev.de

Glaubenshof Cyriaxweimar, 35043 Marburg-Cyriaxweimar, Harthweg 2,
℗ 06421 / 31331
Initiative der Hohe Mark-Klinik und des Brüderhauses Tabor. Für Menschen
zwischen 18 und 60 Jahren, die nach einem Klinikaufenthalt noch Betreuung
wünschen. 12 Plätze. Für Sektenaussteiger und Menschen mit Beziehungs-
problemen/Misshandlungen. Internet: –

Wendepunkt e.V., 42555 Velbert-Langenberg, Am Bertram 2, ℗ 02052 / 95070
28 Plätze für Menschen mit seelischen Störungen, Behinderungen, psychosozialen Problemen. Betreutes Wohnen. Alter: 18–50 Jahre.
Internet: www.wendepunkt-reha.de

Cenacolo, A-Zemendorf b. Eisenstadt, Kleinfrauenheid 8, ℗ 0043 / 2626 / 5963
Nach dem Modell der Sr. Elvira geschaffene Stätte für junge Menschen, die
von den Drogen wegkommen wollen. Intensive Gemeinschaft mit Gebet und
Arbeit, marianisch geprägt. Weitere Häuser in Planung.
Internet: www.campo-della-vita.org (italienische Sprache)

Haus Weizenkorn e.V., 88175 Scheidegg, Allmannsried 179, ℗ 08381 / 6684
Therap. Wohngemeinschaft für junge Leute von 18–30 mit psychosozialen Pro-
emen, sex. Missbrauch, Suchtverhalten. Evangelikale Einrichtung. Internet: –

c) Weitere Anschriften christlicher Therapeuten und therapeutischer Gemeinschaften

r Beratungsführer« – Hrsg: Leben im Kontext e.V., Dortmund,
231 / 522952 – Internet: home.t-online.de/home/kontext.e.v.